Münchener Universitätsschriften · Juristische Fakultät

Abhandlungen zur rechtswissenschaftlichen Grundlagenforschung

herausgegeben im Auftrag der Juristischen Fakultät

von

Sten Gagnér

Arthur Kaufmann

Dieter Nörr

Band 20

1975

J. Schweitzer Verlag · Berlin

Hermann Lutz

Das Canon Law der Kirche von England

Hermann Lutz

Das Canon Law der Kirche von England

1975

J. Schweitzer Verlag · Berlin

Gedruckt mit Unterstützung aus den Mitteln der Münchner Universitätsschriften

CIP-Kurztitelaufnahme der Deutschen Bibliothek

Lutz, Hermann
Das canon law der Kirche von England.
(Münchener Universitätsschriften: Jurist. Fak.) (Abhandlungen zur rechtswissenschaftlichen Grundlagenforschung; Bd. 20)
ISBN 3-8059-0358-8

Satz: Studio Feldafing – Druck: Hildebrand, Berlin
Buchbinderarbeiten: Wübben, Berlin
Printed in Germany

Meinen Eltern

VORWORT

Nur wenige Eingeweihte hatten hierzulande Kenntnis davon, daß die Kirche von England während der letzten Jahrzehnte ihr Canon Law revidierte.

Zu diesen Eingeweihten zählte mein verehrter Universitätslehrer, Prof. Dr. A. Frhr. v. Campenhausen. Er gab mir die Anregung zu dieser Arbeit, die mir die Beschäftigung mit einer reichen Fülle von Problemen des englischen Kirchenrechts ermöglichte. Dafür und für das wohlwollende Interesse, das er mir und meiner Arbeit stets entgegenbrachte, schulde ich ihm an erster Stelle meinen aufrichtigen Dank.

Herr Dr. Günther Gassmann, Forschungsprofessor am Institut für ökumenische Forschung in Straßburg, war so freundlich, mir im Anfangsstadium dieser Arbeit in einem langen Gespräch ein farbiges Bild von der Kirche von England zu zeichnen und vielerlei hilfreiche Hinweise zu geben. Bei ihm möchte ich mich daher ebenso herzlich bedanken wie ich auch Mr. Michael Elliott-Binns verpflichtet bin, der mir in vielen Interviews den sachkundigen Rat des Sekretärs der Canon Law Commission zuteil werden ließ.

Diese Arbeit entstand unter idealen Arbeitsbedingungen an der inzwischen leider aufgelösten Church House Library in Westminster. Für die freundliche Hilfsbereitschaft, die mir dort jedermann entgegenbrachte, möge stellvertretend Miss Irene Drake meinen Dank entgegennehmen.

Nicht zuletzt aber bedanke ich mich ganz herzlich bei meiner lieben Frau.

München, im Juli 1975 Hermann Lutz

INHALTSVERZEICHNIS

A. EINLEITUNG

"This state of confusion and uncertainty is profoundly humiliating and unsatisfactory, and until it is remedied it will be difficult to secure order and cohesion in our Church." Mit diesen Worten beklagt der Erzbischof von York, Cyrill Garbett[1] den zutiefst unbefriedigenden Zustand verwirrender Unsicherheit, in dem sich das Canon Law der Kirche von England im Jahre 1946 befindet. Niemand wisse, welche Teile des vorreformatorischen Canon Law heute noch wirksam seien, die Gegenwart habe viele regelungsbedürftige Fragen aufgeworfen, auf die kein Canon eine Antwort gebe.

Um diesem unerträglichen Mißstand abzuhelfen, hatten die Erzbischöfe von Canterbury und York 1939 eine Kommission damit beauftragt, eine Revision des Canon Law vorzubereiten. Diese Kommission gab 1947 einen Report heraus, der als Ergebnis ihrer Beratungen die Vorschläge für eine Neugestaltung des Canon Law enthielt. Zwanzig Jahre lang arbeiteten daraufhin die zuständigen Organe der Kirche von England an einer Neufassung des Canon Law. 1968 wurde die Arbeit im wesentlichen abgeschlossen. Inzwischen besitzt die englische Kirche ein revidiertes Canon Law.

Angesichts dieser Entwicklung der jüngsten Zeit stellt sich zwangsläufig die Frage, ob eine Arbeit über das Canon Law der Kirche von England sich sinnvollerweise noch mit der geschichtlichen Entwicklung dieses Rechtsgebiets auseinandersetzen soll.

Eine Reihe von Gründen spricht dafür:

Als Edmund Gibson im Jahre 1713 sein „Corpus Juris Ecclesiastici Anglicani" verfaßte, schrieb er in seinem Vorwort[2], es sei nicht möglich, ein Gesetz in seiner vollen Bedeutung zu erfassen, ehe man nicht den ihm vorausgegangenen Rechtszustand kenne. Dieser Gedanke, mit dem er die Aufnahme von außer Kraft gesetzten oder obsoleten Gesetzen in sein Corpus Juris Ecclesiastici Anglicani rechtfertigte, darf wohl nicht nur für das rechte Verständnis einzelner Gesetze Gültigkeit beanspruchen. Auch die Tragweite einer großangelegten Revision wird sich nur dem erschließen, der von der geschichtlichen Entwicklung des revidierten Rechtsstoffes weiß.

Zum anderen ist es aufschlußreich, nach den Ursachen zu suchen, auf die es zurückzuführen ist, daß das Canon Law so verworren und undurchsichtig wurde, und den Gründen nachzugehen, die eine laufende Anpassung des Canon Law an sich ändernde Verhältnisse und Zeitumstände verhinderten.

---

1 In: Canon Law (13) Preface, S.V.

2 Gibson (43) S.V.

Entscheidend ist auch die Überlegung, daß die Revision nicht die Schaffung einer umfassenden und abschließenden Kodifikation beabsichtigte. Nach Canon VIII des Kommissionsentwurfes sollte das Canon Law der Kirche von England nicht nur aus dem neu zu schaffenden Gesetzbuch und seinen im Laufe der Zeit erfolgenden Ergänzungen bestehen. Es sollte auch jener Bestand des vorreformatorischen Canon Law, der bei Erlaß des Submission of the Clergy Act's (25 Hen.VIII c.19) noch in Kraft blieb und bis heute geblieben ist, weiterhin Gültigkeit besitzen, sofern er nicht von den Bestimmungen des neuen Gesetzbuches berührt würde. Um sich eine Kenntnis vom gesamten gültigen Canon Law zu verschaffen, genügt also ein Blick in die revidierten Canons nicht. Vielmehr ist zu fragen: was ist unter dem vorreformatorischen Canon Law zu verstehen, welche Quellen kirchlichen Rechts fallen unter diesen Begriff, unter welchen Voraussetzungen wurde es in England wirksam, soweit es von außen kam, in welchem Verhältnis stand dazu das spezifisch englische Canon Law; welchen Einfluß übte die englische Reformation auf den Fortbestand des Canon Law aus; inwieweit und unter welchen Voraussetzungen wurde seine Weitergeltung durch die kirchliche Gesetzgebung des englischen Parlaments beendet? Erst nach Beantwortung solcher Fragen kann man entscheiden, ob eine kirchenrechtliche Frage, die im neuen Gesetzbuch keine Behandlung gefunden hat, noch in weitergeltendem vorreformatorischen Recht geregelt ist.

Um die aufgeworfenen Fragen klären zu können, besteht ein Ziel der Arbeit in der Aufzeichnung der geschichtlichen Entwicklung des Canon Law in England.

Eine Analyse der Revision zu geben, ist eine weitere Zielsetzung. Dabei wird jedoch nicht angestrebt, die einzelnen Canons der Reihe nach inhaltlich zu würdigen; eine Lektüre des neuen Gesetzbuches will die vorliegende Arbeit nicht ersetzen. Ihr Hauptinteresse richtet sich darauf: mit wieviel Freiheit konnte die Kirche ihr Canon Law revidieren, mit welchem Einsatz kämpfte sie für mehr rechtliche Autonomie gegenüber dem Staat? Dieser Freiheitsraum eigener Gestaltung läßt sich am eindrucksvollsten schildern, indem konkrete Grenzen aufgezeigt werden.

Gegenstand der Untersuchung werden daher einmal solche Canons sein, die die Kirche nicht durchsetzen konnte oder durchzusetzen nicht wagte.

Zum anderen werden jene Canons behandelt, aus denen sich allgemein-rechtliche Aussagen über das Canon Law der Kirche von England entnehmen lassen.

B. HAUPTTEIL

1. TEIL: BEGRIFFSKLÄRUNG

Wer sich aus E. Garth Moore's "Introduction to English Canon Law" einen Überblick über das Canon Law der Kirche von England verschaffen will, erfährt dort, daß zu dessen Quellen neben dem vorreformatorischen Canon Law und den Canons der beiden Convocations unter anderem auch noch das Common Law, Acts of Parliament, sowie Measures der Church Assembly zählen.[1]

Der Leser findet damit gleichzeitig die Aussage von E.W. Kemp bestätigt, daß „in allen einschlägigen Büchern eine gewisse Verwirrung darüber herrscht, was mit Canon Law tatsächlich gemeint ist und was unter Ecclesiastical Law tatsächlich zu verstehen ist"[2]. Denn die Rechtsquellen, die von Moore als Quellen des Canon Law bezeichnet werden, bilden nach der herrschenden Nomenklatur die Quellen des Ecclesiastical Law, nicht des Canon Law.

Diese beiden Begriffe sind auseinanderzuhalten.

Die Encyclopaedia Britannica definiert Canon Law als "body of laws made by lawful ecclesiastical authority . . ."[3]. Nach Hazeltine ist Canon Law "a law created and enforced by the organs of the Church"[4]. Der frühere Erzbischof von York, Cyrill Garbett, sprach vom Canon Law als den "rules made by the Church for the direction and guidance of its own members".[5]

Ecclesiastical Law hingegen, so liest man bei Phillimore, umfaßt nicht nur Canons und Anordnungen, die von kirchlicher Autorität geschaffen werden, sondern auch zivile Gesetze, sowie allgemeine und örtliche Gewohnheitsrechte, die die Kirche betreffen und nicht eigentlich dem Canon Law zugerechnet werden können.[6]

Den angeführten Zitaten läßt sich die entscheidende Aussage über das Verhältnis Canon Law–Ecclesiastical Law entnehmen:

---

1 Moore (72) S. 8–9.

2 E.W. Kemp in C.C.C. May 1953, S. 156.

3 Encyclopaedia Britannica (38) S. 795.

4 Hazeltine (51) S. 704.

5 Garbett (40) S. 227.

6 Vgl. Phillimore (77) S. 10: "The rules and laws which relate to the ministrations and government, rights and obligations of a church established in a state are properly denominated *jus ecclesiasticum*; under which head are included, not only the canons and ordinances made by ecclesiastical authority, but also the civil laws and the customs, general and local, which affect the church, and which cannot with strict propriety be included under the usual title *jus canonicum*."

- wesentliches Charakteristikum des Canon Law ist es, daß es von kirchlicher Autorität geschaffen wird.[7]
- Ecclesiastical Law ist gegenüber Canon Law der umfassendere Begriff; er bezeichnet das gesamte Recht der Kirche, auch soweit es staatlichen Ursprungs ist. Canon Law ist nur ein Teil des Ecclesiastical Law.

Von diesem Begriffsverständnis ging auch die erzbischöfliche Canon Law Kommission aus. Auch sie verstand Canon Law nicht, wie Moore es tut, als umfassenden Oberbegriff: im Entwurf zu Canon VII wurde Canon Law nur als Teil des Rechts der Kirche bezeichnet. Dieser Auffassung folgt auch der Church and State Report von 1970.[8]

Neben seiner weiten Bedeutung als Bezeichnung des gesamten Rechts der Kirche wird Ecclesiastical Law auch noch in engerem Sinne gebraucht: es soll damit das Recht gekennzeichnet werden, das den Entscheidungen der kirchlichen Gerichte zugrunde liegt.[9]

Mit Canon wird in erster Linie ein Gesetz bezeichnet, das von einer Kirchenversammlung erlassen wird. Zum Canon Law im weiteren Sinn wird auch das Jus Pontificium, die Dekrete und Dekretalen der Päpste, gerechnet. Schließlich kann als Canon jede kirchliche Konstitution angesprochen werden.[10]

Soweit nicht der Einfluß des päpstlichen Rechts auf das vorreformatorische England geschildert wird, befaßt sich die vorliegende Arbeit nur mit dem eigentlichen, dem synodalen Canon Law. Bischöfliche Konstitutionen werden nicht behandelt.

---

7 „Von kirchlicher Autorität geschaffen" – dieses Kriterium ist zunächst noch recht farblos. Wie es genauer zu verstehen ist, um als Abgrenzungsmerkmal brauchbar zu sein, wird in der weiteren Arbeit aufgezeichnet werden.

8 Vgl. Church and State (26) S. 88: "Even during this phase ecclesiastical law was not exclusively Canon Law, but included some customary law and statute law on ecclesiastical matters."

9 Vgl. Church and State (26) S. 88; Canon Law (13) S. 51.

10 Vgl. dazu ausführlich: Ayliffe (1) Introduction, insbesondere S. XXXVII.

2. TEIL: GESCHICHTE DES CANON LAW

1. Kapitel: Angelsächsische Periode

I. Ausgangspunkt der Darstellung

Das Christentum hatte Britannien schon im 3. Jahrhundert oder früher erreicht. Tertullian berichtet im Jahre 208 von den „... Britannorum inaccessa Romanis loca, Christo vero subdita ...“[1]. Die Bischöfe von London, York und Lincoln nahmen 314 am Konzil von Arles teil, auch beim Konzil von Rimini (359) waren britische Bischöfe anwesend.

Im 5. Jahrhundert aber wurden die Briten von den anstürmenden Angeln, Sachsen und Juten in den Westen des Landes abgedrängt; die heidnischen Eroberer zerstörten die christliche Kirche in den von ihnen eroberten Gebieten. Für nahezu 150 Jahre, sieht man von den britischen Gebieten im Westen ab, war der Glaube in England praktisch ausgelöscht.[2]

Ausgangspunkt für die Entwicklungsgeschichte des Canon Law hat daher erst das Jahr 597 zu sein, das Jahr, in dem Augustinus an der Spitze der von Gregor dem Großen gesandten Mission in Kent landete und mit der Taufe des Königs Ethelbert die allmähliche Bekehrung der Angelsachsen einleitete.

Die Darstellung muß andererseits schon mit der angelsächsischen Kirche beginnen, obwohl die Kirche von England erst durch die englische Reformation ihr besonderes Gepräge erhielt. Denn die Reformation im 16. Jahrhundert zerriß nicht das Band der Tradition mit der früheren Kirche. Vielmehr betrachtete sich die Kirche von England zur Zeit der Reformation und auch später stets als Erbin und Nachfolgerin der angelsächsischen und mittelalterlichen Kirche.

II. Synodales Canon Law

1. Synode von Hertford, 673

Im Jahre 673 versammelte Erzbischof Theodore von Canterbury die englischen Bischöfe zur Synode von Hertford. Es handelte sich dabei um eine recht kleine Kirchenversammlung: außer Theodore waren nur noch vier weitere Bischöfe anwesend. Dennoch ist Hertford bedeutsam; denn die synodale Gesetzgebung, auf dem Kontinent schon lange üblich, wurde damit auch nach England eingeführt.

---

1 Haddan-Stubbs (46) S. 3.

2 Moormann (73) S. 9.

Nachdem die Bischöfe zunächst generell versprochen hatten, die Canons der Heiligen Väter zu beachten, legte ihnen Erzbischof Theodore eine Kanonessammlung vor, wählte aus dieser Sammlung zehn Canons aus, die für die englische Kirche besonders wichtig schienen, und ließ sie von den Bischöfen förmlich bekräftigen. Dabei wurde in Canon 7 die Regel des Konzils von Nicäa, das jährlich zwei Synoden gefordert hatte, mit der Einschränkung übernommen, daß ein Treffen pro Jahr genügen sollte.[3]

Die noch gestörten Beziehungen zwischen den verschiedenen angelsächsischen Königreichen müssen jedoch das regelmäßige Abhalten einer jährlichen Synode vereitelt haben[4].

2. Synode von Cloveshoe, 747

In der Reihe der auf Hertford folgenden Synoden sollte die Reformsynode von Cloveshoe den Dekadenzerscheinungen begegnen, die sich in der englischen Kirche des 8. Jahrhunderts breit gemacht hatten. Nachdem zwölf Jahre zuvor York Sitz eines Erzbischofs geworden war, war Cloveshoe nicht mehr eine nationale Synode wie Hertford, sondern eine Provinzialsynode. Diese Synode, an der unter dem Vorsitz des Erzbischofs von Canterbury neben elf Bischöfen auch König Ethelbald von Mercia mit seinen Adeligen teilnahm, verabschiedete dreißig Canons.[5] Die Besonderheit dieser Canons besteht darin, daß zwischen ihnen und den Beschlüssen des fränkischen Konzils, das Bonifatius mit seinen Bischöfen im Jahr 747 abgehalten hat, ein unleugbarer Zusammenhang besteht.[6] Dabei ist jedoch umstritten, von welcher Richtung die Beeinflussung ausging; ob die Canons von Cloveshoe unter dem Eindruck der Reformen des Bonifatius entstanden sind, oder ob die Canons von Cloveshoe als Vorlage für die fränkischen Beschlüsse dienten.[7]

3. Die Legatensynoden von 786/787

Zwei weitere Synoden verdienen besonders hervorgehoben zu werden, da sie bis zum Vorabend der Eroberung die einzigen Synoden waren, die unter dem Vorsitz eines päpstlichen Legaten abgehalten wurden.

Die erste Synode hielt der Legat Georg von Ostia bei Finchale in der Provinz York ab. Wie viele andere Synoden wies auch diese keine rein kirchliche Zusam-

3 Über die Synode von Hertford vgl. den Bericht in Bedas Historia Ecclesiastica Gentis Anglorum in Heinemann (52) S. 32–43.

4 Hunt (56) S. 138; vgl. auch die Tabelle bei Joyce (57) S. 125.

5 abgedruckt bei Haddan-Stubbs (47) S. 360–76.

6 Haddan-Stubbs (47) S. 382, Fußn. a.

7 Ausführliche Erörterung bei Haddan-Stubbs (47) S. 382–3, Fußn. a–m.

mensetzung auf. Es waren auch der König von Northumbrien, sowie „omnes principes regionis, tam ecclesiastici quam seculares" anwesend.[8]

Die zwanzig Canons[9], die in Finchale verabschiedet worden waren, wurden 787 auf der Synode von Chelsea (Provinz Canterbury) vorgelesen und ebenfalls akzeptiert.

Einer der Canons (Nr. 4) verfolgte das Ziel, den Dekreten der Päpste und den Beschlüssen der sechs allgemeinen Konzilien größere Geltung zu verschaffen: sie sollten häufiger gelesen und stärker beachtet werden, sie sollten die Richtschnur für Reformen der Kirche sein, damit es zu keinem Schisma in der Kirche Gottes komme.

III. Abgrenzungsschwierigkeit gegenüber den Ecclesiastical Laws der Witenagemots

In der Literatur von heute werden den Canons der kirchlichen Synoden die Ecclesiastical Laws gegenübergestellt, die vom Witenagemot (= Versammlung der Weisen) erlassen wurden.[10] Die Beratungen und Beschlüsse der Witans, wie diese gesetzgebenden Versammlungen der angelsächsischen Könige auch genannt wurden, erstreckten sich nicht nur auf weltliche, sondern auch auf kirchliche Angelegenheiten.

Versucht man, von der ermittelten Definition des Canon Law ausgehend, diese Unterscheidung auf ihre sachliche Berechtigung hin zu überprüfen, so zeigt sich rasch, daß diese Abgrenzung problematisch ist.

Da diese Ecclesiastical Laws nicht als Canons bezeichnet werden, möchte man zunächst annehmen, daß sie nicht von kirchlicher Autorität geschaffen wurden. Bereits die personelle Zusammensetzung der Witans läßt jedoch Zweifel daran aufkommen. Am Witan nahmen nämlich neben den Mitgliedern der Königsfamilie und anderen hochgestellten Laien regelmäßig auch die Bischöfe teil, im 10. Jahrhundert wurde die Vertretung der Kirche durch die Anwesenheit von Äbten noch verstärkt.[11] Es lassen sich aber quer durch die angelsächsische Geschichte auch ausdrückliche Beweise dafür finden, daß der maßgebliche Einfluß beim Entwurf dieser Gesetze von den Bischöfen und Erzbischöfen ausging.[12]

---

8 Siehe den Bericht, den die beiden Legaten an Papst Hadrian sandten, bei Haddan-Stubbs (47) S. 448.

9 Aufgeführt im erwähnten Bericht bei Haddan-Stubbs (47) S. 448–459.

10 Vgl. Deanesly (31) S. 111, sowie Canon Law (13) S. 10.

11 Hunt (56) S. 316.

12 Vgl. die Beispiele bei Joyce (57) S. 82, Deanesly (31) S. 111–113, sowie Barlow (4) S. 138.

Nicht nur die Macht des Staates, auch die Autorität der Kirche stand also hinter den Ecclesiastical Laws. Daß sie dennoch nicht dem Canon Law zugerechnet werden, läßt sich nicht damit erklären, daß man eben Gesetze, die nicht nur auf kirchlicher, sondern zudem noch auf staatlicher Autorität beruhen, lediglich als Ecclesiastical Laws bezeichnet. Denn auch die Beschlüsse von Cloveshoe und die Canons der Legatensynoden konnten sich auf beide Autoritäten stützen, da die anwesenden Könige sie mitunterzeichneten. Gleichwohl rechnet man diese Gesetzgebung aber zum Canon Law.

Die Definition des Canon Law scheint somit nicht brauchbar zu sein, die unterschiedliche Bezeichnung zu erklären. Es ist jedoch nur eine scheinbare Unzulänglichkeit. Denn die Canons der Synoden und die Ecclesiastical Laws der Witans sind – zumindest im Idealfall, bei dem eine kirchliche Synode klar von einem Witan unterschieden werden kann – nicht in gleicher Weise von kirchlicher Autorität geschaffen. Die Canons der Synoden wurden von der Kirche erlassen, der König beschränkte sich auf die Zustimmung zu den Canons.[13] Die Ecclesiastical Laws der Witans hingegen ergingen im Namen des Königs, während sich der Anteil der Kirche im Verfassen der Ecclesiastical Laws und in der Zustimmung zu ihnen erschöpfte.[14]

Angesichts dieser Unterschiedlichkeit vermag die Definition des Canon Law das taugliche Abgrenzungskriterium zu liefern, falls sie schärfer gefaßt wird. Ist nämlich ein Gesetz schon dann "made by ecclesiastical authority", wenn die Kirche die Vorschrift inhaltlich verfaßt hat, so ist, wie gezeigt wurde, die Definition zu grob, um die Unterscheidung noch als sinnvoll erscheinen zu lassen. Ein Gesetz darf daher nur dann als „von kirchlicher Autorität gemacht" angesehen werden, wenn die Kirche als eigener Gesetzgeber auftritt, es selbst erläßt.[15]

Die Problematik der Abgrenzung ist damit freilich nicht aus der Welt geschafft. Denn auf Grund des dürftigen Materials läßt sich oft nur sehr schwer sagen, ob eine Gesetzgebung durch eine kirchliche Synode oder durch ein Witan vorliegt.[16] Eine klare Grenzziehung wird vor allem auch dadurch erschwert, daß die wenigsten Synoden eine rein kirchliche Zusammensetzung aufwiesen, daß „synodus" kein terminus technicus zur Bezeichnung einer kirchlichen Synode war, sondern gleichwertig auch auf Witans angewendet wurde, und daß Kirche

---

13 Vgl. etwa die bereits erwähnte Synode von Chelsea: „Ego Offa Rex Merciorum, consentiens his statutis, prompta voluntate signo crucis subscripsi." Haddan-Stubbs (47) S. 460.

14 Vgl. Darlington (27) S. 416, Fußn. 5, sowie Barlow (4) S. 139.

15 Daß es richtig ist, die Definition des Canon Law so restriktiv auszulegen, wird sich bei den später zu erwähnenden Church Assembly Measures unseres Jahrhunderts zeigen. Obwohl der Inhalt dieser Gesetze einzig und allein von der Kirche festgelegt und beschlossen wird, werden sie nicht dem Canon Law zugerechnet. Denn sie werden vom Staat erlassen. Vgl. im einzelnen: S. 54–56.

16 Deanesly (3) S. 212–5.

und Staat in aktiver Partnerschaft nahezu unlösbar ineinander verflochten waren.[17]

Überwiegend wird die Ansicht vertreten, daß die kirchlichen Synoden die Dänenkriege des 9. Jahrhunderts nicht überlebten. Sie waren, nachdem England zum Einheitsstaat geworden war, „gleichsam aufgegangen" in den großen Reichswitenagemots.[18] Für eine speziell kirchliche Gesetzgebung durch Synoden bestand keine Notwendigkeit mehr, da das Witan jetzt voll zuständig und auch bereit war, sich mit den kirchlichen Angelegenheiten zu befassen.[19]

IV. Kanonessammlungen

Bei dem „liber canonum", dem Erzbischof Theodore die Canons der Synode von Hertford entnommen hatte, handelte es sich vermutlich um die *Dionysiana* oder um eine Version dieses Werkes. Denn die Canons von Hertford fußen alle auf Canons der Sammlung des Dionysius Exiguus.[20]

Einige Verbreitung in England scheint auch die große irische Sammlung *Hibernensis* gefunden zu haben. Um 700 in Irland entstanden, zeichnete sie sich dadurch aus, daß sie in großem Umfang auch Bibelstellen und Schriften der Kirchenväter verwertete. Daß die Canons von Cloveshoe wie die Canons der Legatensynoden eine Vorliebe für Schriftzitate zeigen, mag ein Indiz für den Einfluß der Hibernensis sein.[21]

Die *Dionysio-Hadriana* war in England zwar bekannt, jedoch nicht allgemein verbreitet.[22] Auch der *Pseudoisidor* wurde von der englischen Kirche nicht rezipiert.[23]

V. Fortgeltung des angelsächsischen Canon Law

Es gibt keinerlei Beweis dafür, daß die spezielle Gesetzgebung der angelsächsischen Kirche nach der Eroberung noch bekannt war oder gar beachtet wurde. Dasselbe gilt von den Kanonessammlungen, wie die normannischen Rechtssammlungen, etwa die Leges Henrici Primi, zeigen. In dieser um 1118 geschaffenen Aufzeichnung der Gesetze des Landes sind die kirchlichen Gesetze im Gegensatz

---

17 Vgl. Liebermann (66) S. 12–17.

18 Böhmer (6) S. 45.

19 Godfrey (45) S. 390.

20 Canon Law (13) S. 9.

21 Canon Law (13) S. 11.

22 Deanesly (29) S. 89.

23 Böhmer (6) S. 46.

zu den weltlichen ausschließlich von Quellen abgeleitet, die England erst nach der Eroberung erreichten.[24]

Daß das angelsächsische Canon Law in Vergessenheit versank, dürfte in erster Linie auf die Sammlung von Erzbischof Lanfranc zurückzuführen sein, die nach der Eroberung das Recht der Kirche auf eine völlig neue Grundlage stellte.[25]

2. Kapitel: Eroberung bis Reformation

I. Ausbreitung des Ius Commune in England

Das Ius Commune[26], das allgemeine römische kanonische Recht, wird zur wichtigsten Rechtsquelle der Englischen Kirche. Dies ist das hervorstechendste Merkmal der auf die Eroberung folgenden Jahrhunderte.

1. Lanfrancs Sammlung

In einer um 1085[27] erlassenen Verordnung hatte Wilhelm der Eroberer bestimmt, daß diejenigen Streitigkeiten, „quae ad regimen animarum pertinent", in Zukunft nicht mehr vor dem weltlichen, sondern nur noch vor dem Gericht des Bischofs ausgetragen werden sollten. Deren Rechtsfindung sollte nicht vom alten angelsächsischen Recht ausgehen, sondern „secundum canones et episcopales leges" erfolgen.[28]

Mit einer Sammlung der zu ihrer Rechtsprechung benötigten Canons wurden die kirchlichen Gerichte durch Lanfranc, den Erzbischof Wilhelms I. ausgestattet, der durch die Reform des Rechts der Kirche die Reform der Kirche vorantreiben wollte.

---

24 Brooke (7) S. 49.

25 Canon Law (13) S. 11–12.

26 „Ius Commune" in dem hier gebrauchten Sinn ist nicht zu verwechseln mit dem englischen "Common Law". Dieses kann dreierlei bezeichnen: einmal das nicht gesetzte Recht im Gegensatz zum Statute Law, dann das Recht des ganzen Landes im Gegensatz zu lokalem Recht, und schließlich das Recht der weltlichen Gerichte im Unterschied zum Ecclesiastical Law der kirchlichen Gerichte.
Vgl. Maitland (69) S. 22–3.
Mit „Ius Commune" ist das gemeine, in der universalen Kirche geltende Recht angesprochen. Sein Gegensatz sind spezielle Rechtsbestimmungen, die in einer Kirchenprovinz gelten mögen. Vgl. Maitland (70) S. 4.
Die Entwicklung des Ius Commune, die Entstehung des Corpus Iuris Canonici wird als bekannt vorausgesetzt.

27 Zur Datierungsfrage vgl. Böhmer (6) S. 93, Fußn. 1.

28 Vgl. § 2 der bei Makower (71) S. 482 abgedruckten Sammlung.

Da die Kirche des 11. Jahrhunderts noch keine autorisierte Kodifikation ihres Rechts besaß, stellte Lanfranc seine eigene Sammlung zusammen. Als Grundlage diente ihm zum größten Teil der Pseudoisidor. Ihm sind die Dekretalen von Clemens bis Gregor II. entnommen. Lanfranc übernahm diese Dekretalen vielfach nur in abgekürzter Form, einige fehlen gänzlich. Diese Auslassungen ändern jedoch in keiner Weise den Charakter der Sammlung: die entscheidenden Aussagen über die Autorität des Papstes, die für den Pseudoisidor kennzeichnend sind, bleiben erhalten.[29] Neben den Capitula Ingilramni verwertet die Sammlung auch schon die Beschlüsse der Lateransynode von 1059[30], ein erster Hinweis darauf, daß sich das Ius Commune mit oft nur geringer zeitlicher Verschiebung auch in England durchsetzt.

Lanfrancs Sammlung fand in England weite Verbreitung und war wohl fast bis zur Mitte des 12. Jahrhunderts die einzige in England benützte Kanonessammlung.[31]

Dank dieser weiten Verbreitung trug die vom Pseudoisidor übernommene Betonung der päpstlichen Autorität sicherlich mit dazu bei, dem späteren Höhepunkt päpstlichen Canon Law in England den Boden zu bereiten.

2. Festländische Kanonessammlungen in England

Im 11. Jahrhundert dominierte in England unangefochten die Sammlung Lanfrancs. Das auf dem Kontinent zu Beginn des 11. Jahrhunderts vorherrschende *Decretum* Burchards von Worms erreichte England erst im 12. Jahrhundert, als es schon veraltet war.[32]

Auch von der Sammlung der *74 Titel* und der Sammlung Anselms von Lucca lassen sich in England nur Manuskripte aus dem 12. Jahrhundert finden.[33]

Schnell ihren Weg nach England scheinen hingegen die Sammlungen des Ivo von Chartres gefunden zu haben. Von der *Panormia,* der bedeutendsten vor-gratianischen Sammlung, existiert eine Kopie aus dem frühen 12. Jahrhundert.[34]

Und schon um 1160, nur 20 Jahre nach seinem Erscheinen, benutzte man offenbar das *Decretum* Gratians.

Lanfrancs Sammlung hatte der Englischen Kirche den Anschluß an die Entwicklung gebracht, die das Canon Law der westlichen Kirche durch die Verbreitung

---

29 Vgl. Brooke (7) S. 60–1.

30 Vgl. Brooke (7) S. 65.

31 Vgl. Brooke (7) S. 82.

32 Vgl. Brooke (7) S. 89.

33 Vgl. Brooke (7) S. 90–1.

34 Vgl. Brooke (7) S. 95.

des Pseudoisidors genommen hatte. Diese Rechtsangleichung blieb keine Episode. Die schnelle Verbreitung, welche die wichtigsten festländischen Kanonessammlungen in England gefunden haben, zeigt, daß die Englische Kirche demselben Canon Law unterlag, dem auch die restliche Kirche gehorchte.[35]

3. England als Adressat päpstlicher Dekretalen

Der Einfluß des Ius Commune setzte sich auch nach Gratian ungebrochen fort. In der zweiten Hälfte des 12. Jahrhunderts nahm die päpstliche Gesetzgebung durch Dekretalen ein bis dahin nicht gekanntes Ausmaß an. Vor allem Papst Alexander III. (1159–81) war es gewesen, der in der päpstlichen Kurie nicht nur ein Berufungsgericht sah, sondern auch ihre erstinstanzliche Zuständigkeit als Gericht für die ganze Christenheit zur vollen Geltung brachte. Eine Streitsache sofort vor den Papst zu bringen, wurde im späteren 12. Jahrhundert mehr und mehr üblich, so daß die Richtertätigkeit in erster Instanz hinter dem Ausmaß der Berufungen nicht mehr zurückstand.[36]

Über die Mehrzahl dieser Fälle wurde nicht in Rom verhandelt. Gewöhnlich wurden zwei bis drei delegierte Richter (judges delegate) ernannt, die an Ort und Stelle im Namen und mit der Autorität des Papstes entscheiden sollten. Diesen delegierten Richtern oblag nur die Feststellung des Tatbestandes, die Rechtsentscheidung wurde vom Papst getroffen.[37] Dieses Verfahren machte eine umfangreiche Korrespondenz erforderlich; in den päpstlichen Antwortschreiben (decretals) wurden oft bedeutende Rechtsgrundsätze entwickelt.

Unter den ersten drei normannischen Königen konnten appeals nur mit Zustimmung der Krone nach Rom gerichtet werden. Diese Schranke fiel unter König Stephan (1135–54), der diese Politik seiner Vorgänger nicht fortzusetzen vermochte.[38]

Heinrich II. (1154–89) suchte die Kontrolle über Berufungen nach Rom wiederzugewinnen. In den Constitutions von Clarendon (1164) konnte Heinrich II. durchsetzen, daß appeals nur in Ausnahmefällen und nur mit königlicher Zustimmung nach Rom gerichtet werden dürften.

Um päpstlichen Repressalien zu entgehen, die ihm wegen der Ermordung Becket's drohten, schloß Heinrich II. 1172 mit der Kirche den Kompromiß von Avranches. Er versprach neben anderem Freiheit für appeals nach Rom. In der Folgezeit wurden delegierte Richter in England nahezu eine Selbstverständlichkeit und eine Flut päpstlicher Dekretalen ergoß sich nach England.

---

35 Vgl. Brooke (7) S. 99.

36 Kemp in Holtzmann-Kemp (55) S. XVIII.

37 Vgl. Brooke (8) S. 216.

38 Vgl. Brooke (8) S. 214–5.

Schon Maitland hatte festgestellt, daß von 470 Dekretalen Alexanders III., die Aufnahme in die offizielle Dekretalensammlung Gregors IX. gefunden hatten, etwa 180, also mehr als ein Drittel, sich nach England richteten.[39] Brooke[40] ließ in seiner Untersuchung solche Dekretalen außer Betracht, die keinen Empfänger erkennen ließen, da diese ja auch nach England gerichtet gewesen sein konnten. Auf diese Weise ermittelte er, daß von 424 Dekretalen Alexanders III. mit bestimmten Empfängern 219 nach England adressiert waren. Mehr als die Hälfte also.

Auch unter Papst Lucius III. (1181–85), dem unmittelbaren Nachfolger von Alexander III., gingen 14 der 30 Dekretalen, die in die Sammlung Gregors IX. aufgenommen wurden, nach England.[41]

Brooke dehnte seine Untersuchungen auch auf die Quinque Compilationes Antiquae aus und fand sein Ergebnis voll bestätigt: von 115 Dekretalen Alexanders III., die in der Sammlung Gregors IX. nicht verwertet wurden, waren 71 nach England adressiert; von den 9 Dekretalen Lucius III. sogar 7.[42]

Eigenartigerweise endet mit dem Pontifikat Lucius III. auch der hohe Anteil englischer Dekretalen in den von Brooke überprüften Sammlungen. Ihr Umfang reduziert sich bei den Dekretalen der folgenden Päpste auf etwa ein Zehntel der in den Sammlungen enthaltenen Dekretalen.[43]

Brooke war sich bewußt, daß die vielen Dekretalen, die sich in den überprüften Sammlungen nach England richteten, nicht das wahre Verhältnis der nach England adressierten Dekretalen widerspiegelten. Daß die vielen Briefe Alexanders III. nach Frankreich keinen entsprechenden Niederschlag in den Sammlungen gefunden hatten, führte Brooke darauf zurück, daß Frankreich seit einem Jahrhundert an Appellationen nach Rom gewöhnt gewesen sei. Die kirchlichen Gerichte hätten deshalb das Verfahrensrecht gekannt, die Richter hätten weniger Rechtsfragen an den Papst zu stellen brauchen; die Briefe des Papstes seien dementsprechend seltener von bedeutenden Rechtsausführungen geprägt gewesen. Viel lohnender für eine Aufnahme in die Dekretalensammlungen seien die nach England gerichteten Briefe mit ihren vielen Rechtsbelehrungen gewesen. Daß die englischen Bischöfe soviel Auskunft nötig hatten, mehr als andere Bischöfe in Europa, führte er auf die Informationslücke der englischen Bischöfe zurück, zu der die Beschränkung der Appellationsmöglichkeit geführt habe. Da nur verschwindend wenige Briefe Alexanders III. vor 1172 datiert werden können, schloß er nämlich, daß der starke Dekretalenfluß nach England erst

39 Vgl. Maitland (70) S. 123.

40 Vgl. Brooke (8) S. 219, 220.

41 Vgl. Brooke (8) S. 220.

42 Vgl. Brooke (8) S. 220.

43 Vgl. Brooke (8) S. 220.

nach Avranches möglich geworden war. Angesichts des Eifers, mit dem die Instruktion der englischen Bischöfe betrieben wurde, sei es nicht verwunderlich, daß nach Lucius III. der Nachholbedarf befriedigt gewesen sei und die englische Kirche von nun an nur noch einen ihrer Größe entsprechenden Anteil an Dekretalen erhalten habe.[44]

Es ist das Verdienst von Charles Duggan, die Brüchigkeit dieses Brooke'schen Deutungsversuches erwiesen zu haben. Ehe jedoch seine Erklärung wiedergegeben werden kann, müssen zum Vorverständnis erst die englischen Decretal-Collections geschildert werden.

4. Englische Decretal Collections

Nirgends, so scheint es, wurde das Bedürfnis nach einer Zusammenstellung der päpstlichen Dekretalen schärfer empfunden als in England.[45] Ohne Beispiel in Europa ist der Eifer, mit dem englische Kanonisten in den auf die Regelung von Avranches folgenden Jahren die neuesten päpstlichen Dekretalen zusammentrugen.

Diese frühen Dekretalensammlungen lassen sich in zwei Gruppen einteilen, in „primitive" und „systematische" Sammlungen. Erstere sind ohne systematische Anordnung und enthalten meist die ganzen Texte in ihrer ursprünglichen Reihenfolge. Die späteren systematischen Sammlungen hingegen teilen längere Dekretalen, die sich mit verschiedenen Angelegenheiten befassen, in Kapitel auf und ordnen die einzelnen Kapitel je nach ihrem Inhalt unter verschiedenen Titeln ein.[46]

Die primitiven Dekretalensammlungen sind größtenteils englischen Ursprungs.[47] Genau das umgekehrte Phänomen ist bei den systematischen Sammlungen zu beobachten, die meist aus Frankreich oder Italien stammen.[48]

In den ersten englischen Dekretalensammlungen zeigen sich kaum Spuren kontinentalen Einflusses. Sie verwerten fast ausschließlich Dekretalen, die nach England, und hier vornehmlich an die Bischöfe von Canterbury, Exeter und Worcester gerichtet waren.[49] Diese frühen englischen Sammlungen drückten den festländischen primitiven Sammlungen ihren Stempel auf: erste Sammlungen

44 Vgl. Brooke (8) S. 213–25.

45 Kuttner-Rathbone (64) S. 282.

46 Holtzmann-Kemp (55) S. XI.

47 Von den bisher bekannten 27 primitiven Sammlungen stammen mehr als die Hälfte (15) aus England. Vgl. Duggan (34) S. 124.

48 Vgl. Duggan (34) S. 124.

49 Vgl. Duggan (34) S. 75–6.

französischer und römisch-spanischer Herkunft entnahmen viele Dekretalen den englischen Sammlungen.[50]

In späteren Jahren (etwa nach 1180) öffneten sich die englischen Sammlungen verstärkt kontinentalen Einflüssen und reicherten ihre Sammlungen mit Dekretalen festländischer Herkunft an.[51]

5. Erklärung der scheinbar überdurchschnittlich hohen Zahl nach England gerichteter Dekretalen

Brooke hatte den starken Anteil englischer Dekretalen in der Sammlung Gregors IX. mit dem rechtlichen Informationsrückstand der englischen Bischöfe erklärt, der erst nach Avranches durch die Rechtsauskünfte vieler Dekretalen behoben werden konnte. Diese Deutung ist durch Charles Duggan widerlegt worden. Den Schlüssel zum richtigen Verständnis dieses Phänomens lieferten ihm die primitiven englischen Decretal Collections. Er wies nach, daß die nach England gerichteten Dekretalen nicht bedeutungsvoller und rechtlich interessanter waren als die anderswo empfangenen. Ihr hoher Anteil in den späteren Sammlungen ist nicht auf ihren Inhalt zurückzuführen, sondern auf den Einfluß der frühen Decretal Collections englischer Herkunft.[52] Die Dekretalen Gregors IX. beruhten nämlich hauptsächlich auf den Quinque Compilationes Antiquae. Die Compilatio Prima baute ihrerseits letztlich auf den primitiven Sammlungen auf. Deren Dekretalen waren zu einem großen Teil englischer Herkunft, da, wie wir gesehen haben, die frühen englischen Sammlungen die kontinentalen stark beeinflußt hatten. Es ist daher nicht überraschend, daß soviele englische Dekretalen in den späteren Sammlungen erscheinen.[53]

Das vom Tode Lucius III. an scheinbar schwindende päpstliche Interesse an nach England gerichteten Dekretalen deutet in Wirklichkeit nicht auf eine Änderung der päpstlichen Politik hin. Die festländischen Dekretalensammlungen liefen ab 1180 den englischen den Rang ab und setzten sich nicht mehr in erster Linie aus englischen Dekretalen zusammen. Zwangsläufig mußte sich das Ende der Abhängigkeit von englischen Quellen auch auf die Compilationes Antiquae und die Sammlung Gregors IX. auswirken.

Wären die kontinentalen Kanonisten und kirchlichen Richter mit dem römischen Canon Law so vertraut gewesen, daß sie ungleich weniger als die englischen Bischöfe den Papst um Auskunft angehen mußten, so bliebe unklar, weshalb sie

50 Vgl. Duggan (34) S. 124–35.

51 Vgl. Duggan (35) S. 368.

52 Vgl. Duggan (34) S. 141.

53 Vgl. Duggan (34) S. 143.

dann diese Dekretalen so eifrig zusammentrugen, nachdem die englischen Sammler die Initiative ergriffen hatten.[54]

Mary Cheney fand heraus, daß nahezu alle angeschnittenen Probleme, die in den an Bischof Roger von Worcester gerichteten Dekretalen behandelt werden, einen gemeinsamen Zug aufweisen: sie konnten nicht mit einem Hinweis auf die bestehenden Kanonessammlungen beantwortet werden. Die Anfragen offenbarten daher nicht die Unkenntnis dieses englischen Bischofs. Sie lassen lediglich den Wunsch nach einer autoritativen Regelung dieser ungelösten Fragen erkennen.[55]

Die These von den zurückgebliebenen Rechtskenntnissen der englischen Bischöfe vor 1172 läßt sich daher nicht mehr vertreten.

Das gleiche gilt von der Behauptung, das römische Canon Law habe erst nach Avranches wirksam rezipiert werden können. Wenngleich zwischen Clarendon und Avranches die Rezeption päpstlicher Dekretalen behindert gewesen sein mag, so waren doch appeals aus England schon seit Stephans Regierungszeit üblich.[56] Daß die Dekretalensammlungen kaum Briefe vor 1172 aufweisen, beweist nicht, daß vor 1172 keine Dekretalen nach England gegangen waren, sondern hängt damit zusammen, daß die primitiven Sammlungen erst nach 1172 entstanden sind.[57]

Die gesetzgeberische Aktivität Papst Alexanders III. führt in der ganzen westlichen Kirche zu einem Anschwellen der Dekretalen. Der entsprechende Anstieg in England steht daher nicht in notwendigem kausalen Zusammenhang mit der Regelung von Avranches.[58] Avranches kennzeichnet daher nicht den Zeitpunkt, von dem ab das Canon Law zum ersten Mal volle Wirksamkeit in England entfalten konnte, sondern bedeutet lediglich das Scheitern des Versuchs Heinrichs II., die bereits bestehende Verbindung Englands mit dem Recht der Päpste für die Zukunft abzuschneiden.[59]

II. Heimisches Canon Law

1. Die nationalen Konzilien des 11. und 12. Jahrhunderts

Unter Wilhelm I. und seinem Erzbischof Lanfranc wurde die allmähliche Loslösung der geistlichen Konzilien von den weltlichen Reichsversammlungen eingeleitet, und damit die innerkirchliche Gesetzgebung wiedererweckt.[60]

54 Vgl. Duggan (34) S. 142.
55 Vgl. Cheney (21) S. 185–7.
56 Vgl. Cheney (19) S. 48.
57 Vgl. Cheney (21) S. 183.
58 Vgl. G. Barraclough in EHR LIII (1938) S. 494 Funßn. 3.
59 Vgl. Cheney (21) S. 197.

Die wiederbelebten Synods oder Councils[61] umfaßten als National Councils beide Provinzen. Denn auf dem Konzil von Winchester (1072) konnte Lanfranc durchsetzen, daß der Erzbischof von York ihm und seinen Nachfolgern den Gehorsamseid leistete. Nach Erzbischof Anselms Tod (1109) verloren die Erzbischöfe von Canterbury diese Vorrangstellung. Nationale Kirchenversammlungen konnten sie in Zukunft nur noch als päpstliche Legaten einberufen.[62] Zum Teil unter dem Vorsitz eines von Rom gesandten „legatus a latere", meist jedoch unter der Leitung eines Erzbischofs von Canterbury wurden somit auch im 12. Jahrhundert nur National Councils abgehalten.[63]

Die Canons, die auf diesen Konzilien erlassen wurden, bestanden meist aus oft wörtlichen Wiederholungen alter Canons und päpstlicher Dekretalen.[64] Im Konzil von Westminster (1175) beispielsweise stützte Erzbischof Richard von Canterbury viele seiner Canons auf die Autorität Gratians und verbreitete gleichzeitig die neuesten päpstlichen Dekretalen.[65]

Die Canons dieser Konzilien zielten also noch nicht so sehr auf die Schaffung spezifisch englischen Kirchenrechts ab, sondern dienten in erster Linie noch der Durchsetzung des Ius Commune.

Eine weite Verbreitung scheinen die Canons des 12. Jahrhunderts nicht gefunden zu haben; daß offizielle Kopien verteilt wurden, ist nicht bekannt.[66]

Das 13. Jahrhundert sah nur noch zwei nationale Konzilien, die unter dem Vorsitz päpstlicher Legaten Canons erließen. Diese Constitutions[67] der Legaten Otho (1237) und Othobuono (1268) wurden zwischen 1333 und 1348 von John of Ayton zusammengestellt und kommentiert. Alle anderen Konzilien des 13.und der folgenden Jahrhunderte waren Provincial Councils.

---

60 Vgl. Böhmer (6) S. 92.

61 Heutzutage wird in England mit „Synod" meist eine Versammlung auf Diözesanebene bezeichnet, mit "Council" verbindet man eine größere Kirchenversammlung. Im Mittelalter stehen diese Begriffe jedoch austauschbar nebeneinander.
Vgl. Cheney (20) S. 196.

62 Die Stellung eines päpstlichen Legaten war dem Erzbischof von Canterbury erstmals im Jahre 1126 durch Papst Honorius II. eingeräumt worden. Die Ernennung galt nur für den Erzbischof, dem sie erteilt wurde. Sie erlosch mit dem Tod des Papstes, der sie ausgesprochen hatte.
Vgl. Brooke (7) S. 170.

63 Zu den Konzilien im einzelnen vgl. Böhmer (6) S. 62.

64 Vgl. Brooke (7) S. 100–5.

65 Vgl. Brooke (7) S. 219, sowie Duggan (34) S. 73.

66 Cheney (20) S. 213.

67 "Canon" und "constitution" können synonym gebraucht werden. Vgl. Ayliffe (1) S. VII, sowie Wood (97) S. 87.

2. Provincial Constitutions

Das erste der auf die National Councils des 12. Jahrhunderts folgenden Provincial Councils wird meist mit der Kirchenversammlung angegeben, die Erzbischof Langton im Jahre 1222 in Oxford abhielt.[68] Die Constitutions dieser Provincial Councils erreichten einen höheren Bekanntheitsgrad als die Canons der vorausgegangenen Nationalkonzilien. Schon auf dem Konzil von Oxford wurde angeordnet, daß die erlassenen Constitutions jährlich auf Diözesansynoden und viermal jährlich in den Pfarrkirchen zu verlesen seien.[69] Auch spätere Councils verpflichteten die Bischöfe immer wieder zur Verbreitung der Canons.

Derlei Anordnungen allein hätten die weite Verbreitung der Provincial Constitutions jedoch wohl kaum bewirken können. Mit ursächlich für die zahlreichen Kopien dieser Canons war auch ihr gewandelter Inhalt. Die Provincial Councils beschränkten sich nicht mehr in erster Linie auf die Wiedergabe des Ius Commune, sie erließen in zunehmendem Maße auch eigene, ergänzende Canons.[70]

Die Provincial Constitutions der Erzbischöfe von Canterbury wurden von William Lyndwood in seinem „Provinciale" zusammengetragen und mit einem gelehrten Kommentar versehen. Ihre weite Verbreitung erklärt es, daß Lyndwood noch im Jahre 1430 mit den Canons Erzbischof Langtons (1222) beginnen konnte. Die Sammlung endet mit den Constitutions, die Henry Chichele, der Erzbischof seiner Tage, 1416 erlassen hatte.

Lyndwoods Provinciale erlangte eine solche Autorität, daß die Provinz York 1462 die darin enthaltenen Constitutions übernahm, soweit sie dem eigenen provinziellen Canon Law nicht widersprachen.[71, 72]

3. Entstehung der Convocations

Unter Edward II. verstärkte sich der Widerstand des Klerus, zusammen mit dem weltlichen Parlament über seine Besteuerung beraten zu müssen. Er wollte in eigenen Versammlungen darüber entscheiden.[73] Nach 1340 verzichtete die

---

68 Vgl. Gibbs-Lang (42) S. 113, sowie Canon Law (13) S. 40.
Cheney (20) hingegen läßt ihre Reihe bereits mit dem Konzil von Westminster (1175) beginnen (S. 385–7).

69 Powicke-Cheney (80) S. 125.

70 Cheney (20) S. 216.

71 Stubbs (86) S. 354.

72 Es mag sich schon an dieser Stelle die Frage aufdrängen, in welchem Verhältnis dieses auf englischen Konzilien geschaffene und von englischen Kanonisten zusammengetragene Canon Law zum Ius Commune stand. Ehe dies dargelegt wird, sei kurz eingeflochten, wie sich die Provincial Councils zu den "Convocations" entwickelten.

73 Kemp (60) S. 95, 98.

Regierung darauf, die Anwesenheit des niederen Klerus im Parlament zu erzwingen. Ihr genügte es, daß der Klerus in eigenen Versammlungen Steuern bewilligte.[74]

Daß diese zum Zwecke der Steuerbewilligung zusammengerufenen Versammlungen (Convocations), in denen auch der niedere Klerus vertreten war, zeitweilig von den Provincial Councils im Sinn des vierten Laterankonzils unterschieden wurden, zeigt eine Einberufung zu einem Provincial Council, die im Jahre 1341 von Erzbischof Stratford von Canterbury ausging. Obwohl er zwischen 1334 und 1340 sechs Versammlungen (Convocations) abgehalten hatte, bedauerte er in seiner Aufforderung des Jahres 1341, daß er erst jetzt seiner kanonischen Pflicht nach jährlicher Abhaltung eines Provincial Councils nachkommen könne.[75]

Die Zusammensetzung der Convocations färbte auch auf die Provincial Councils ab. Gegen Ende des 14. Jahrhunderts verschwammen die Begriffe und die ursprünglich verschiedenen Funktionen der beiden Versammlungstypen ineinander, und das Zustimmungsrecht des Klerus beschränkte sich in Zukunft nicht mehr nur auf Steuerfragen, sondern galt auch für den Erlaß von Canons.

Die Convocations sind also aus zwei Wurzeln hervorgegangen: aus der Verschmelzung zwischen den Provincial Councils und den ursprünglichen Convocations, die wegen der Besteuerung des Klerus geschaffen wurden.[76]

Ausgangs des 14. Jahrhunderts begannen sich die Convocations in ein Ober- und Unterhaus aufzuteilen.[77]

III. Autorität des Ius Commune gegenüber dem englischen Recht

1. Sein Verhältnis zum englischen Common Law der weltlichen Gerichte

„Die mittelalterliche, seit Gregor VII. entwickelte Lehre von dem wahren Menschheitsstaat, der von Gott gestifteten Kirche unter dem Principate des Papstes und von der weltlichen Herrschaftsordnung, dem Staate, als eines lediglich der Kirche dienenden Bestandtheiles, bedingte als Konsequenz die oberste Gesetzgebung der Kirche und des Papstes und damit auch das Recht zur Begränzung des der Kirche gehörigen Gebietes.“[78]

Der englische Staat beugte sich diesem Anspruch nicht. Er war es, der den Umfang der kirchlichen Gerichtsbarkeit und damit den Wirkungsbereich des Canon Law festlegte.

74 Kemp (62) S. 142.

75 Vgl. das Zitat bei Kemp (62) S. 137–8.

76 Vgl. Kemp (62) S. 142–3, sowie Kemp (60) S. 112.

77 Joyce (57) S. 294.

78 So Hinschius (53) S. 765.

Am augenfälligsten wird dieses Bemühen des englischen Staates in der großen Kontroverse Heinrichs II. mit Becket um die Frage des „privilegium fori", des Vorrechts der Geistlichkeit, nur vor kirchlichen Gerichten verfolgt werden zu können.[79]

Der Anspruch der Kirche richtete sich darauf, daß jederlei Vergehen eines Angehörigen des Klerus vor die kirchlichen Gerichte gehöre. Der Staat gestattete seine Realisierung nur unvollkommen. Schon 1176 konnte Heinrich II. durchsetzen, daß Forstvergehen nicht der kirchlichen Gerichtsbarkeit unterfallen sollten. Vom 13. Jahrhundert an kamen alle Fälle von Hochverrat vor die Gerichte des Königs, ebenso alle Fälle geringerer Kriminalität, auf die nicht Todesstrafe stand ("misdemeanors"). Lediglich für den dazwischenliegenden Bereich der "felonies", der mit Todesstrafe bedrohten Kapitalverbrechen, galt das privilegium fori.[80] Aus heutiger Sicht, wie Maitland schrieb, ein gewaltiges Entgegenkommen des Staates, für die Kirchenmänner damaliger Zeit ein ungebührlich geringes Zugeständnis.[81, 82]

Auch das "advowson", das Pfründenbesetzungsrecht, fiel in die Zuständigkeit der weltlichen Gerichte. Die Kirche hatte zwar durchgesetzt, daß die "institution" eines Geistlichen Sache des Bischofs war, die Auswahl des Geistlichen lag jedoch in der Hand des Landbesitzers.[83]

---

79 Unter Heinrichs II. Vorgänger Stephan (1135–54) hatten die kirchlichen Gerichte dieses Prinzip weitgehend durchsetzen können. Auf diesen Vorzug des Klerus ("benefit of clergy") beriefen sich dabei nicht nur Geistliche und Mönche, sondern auch der „ungeweihte" Klerus, wie Küster, Totengräber und Läuter von Kirchenglocken.
Vgl. Lovell (67) S. 92–3.

Der Vorteil der kirchlichen Gerichte bestand darin, daß sie keine Todesurteile kannten, sondern sich mit Degradierung vom kirchlichen Amt und schlimmstenfalls mit lebenslanger Gefängnisstrafe begnügten.
Vgl. Pollock-Maitland (79) S. 444.

Heinrich II. ging es im Kampf gegen diese Zustände nicht um eine Abschaffung des privilegium fori. Er wollte zugestehen, daß ein Geistlicher zunächst vor ein kirchliches Gericht zitiert werden sollte. Nur für den Fall, daß das kirchliche Gericht ihn schuldig sprechen und ihm seinen geistlichen Status aberkennen sollte, wollte Heinrich II. ihn – den nunmehrigen Laien – vor die weltlichen Gerichte gebracht wissen.
Diesem Plan zweifacher Bestrafung widersetzte sich Becket leidenschaftlich: „Nec enim Deus iudicat bis in idipsum."
Vgl. Pollock-Maitland (79) S. 448.

80 Vgl. Pollock-Maitland (79) S. 446–7; Maitland (69) S. 230.

81 Maitland (70) S. 60.

82 Nach der Reformation verengte sich der Kreis der Verbrechen, die eine Berufung auf das benefit of clergy zuließen, immer mehr, so daß bei der endgültigen Abschaffung im Jahre 1827 nur noch wenige Verbrechen davon berührt wurden. Vgl. Lovell (67) S. 98.

83 Pollock-Maitland (79) S. 125–6.

Auf der anderen Seite sticht ins Auge, daß die kirchlichen Gerichte auf vielen Gebieten Recht sprachen, die man nach heutigem Verständnis – das sich freilich mit dem mittelalterlichen oft nicht deckt – nicht als Angelegenheiten der Kirche betrachten möchte. So lag nicht nur das gesamte Eherecht (Heirat, Scheidung, eheliche Abstammung[84]) im Bereich der kirchlichen Gerichte, sie entschieden auch über die Gültigkeit von Testamenten und andere erbrechtliche Fragen.

Das Mittel, mit dem die weltlichen Gerichte des Königs den Umfang der kirchlichen Gerichtsbarkeit beschränken konnten, waren die königlichen "writs of prohibition", an die kirchlichen Gerichte gerichtete Verfügungen, in einer bestimmten Sache nicht zu entscheiden.[85]

Auch Statutes zogen der Geltung des Canon Law Schranken. So suchten im 14. Jahrhundert "Statutes of Provisors" das englische Patronatsrecht durchzusetzen und verschiedene "Statutes of Praemunire" Appellationen nach Rom zu unterbinden, dies jedoch nur in solchen Fällen, die in die beanspruchte Zuständigkeit der weltlichen Gerichte fielen.[86]

Staatliche Gesetzgebung und weltliche Gerichte steckten somit das Feld ab, in dem das Canon Law wirksam werden konnte.

2. Verhältnis des Ius Commune zum englischen Provincial Canon Law

Welche Autorität das Ius Commune innerhalb des vom Staat gezogenen Rahmens in der mittelalterlichen Kirche Englands besaß, diese Frage hatte gegen Ende des vorigen Jahrhunderts zu einer Kontroverse zwischen den beiden bedeutendsten Rechtshistorikern William Stubbs und Frederic William Maitland geführt.

Stubbs hatte geschrieben, daß eine Kenntnis des römischen Canon Law zwar zur wissenschaftlichen Ausrüstung eines jeden englischen Kanonisten gehört habe, autoritativ seien die Texte des Corpus Iuris Canonici aber nicht gewesen. Die englischen Barone hätten sich bei Merton geweigert, das nationale Eherecht durch die päpstlichen Texte abändern zu lassen.[87]. Der bedeutende Beitrag des römischen Canon Law zur Erziehung der englischen Kanonisten habe ihm zwar zu einer großen wissenschaftlichen oder impliziten Autorität verholfen, es sei

---

84 Ein wichtiger Punkt ist allerdings anzumerken, in dem sich das Canon Law nicht durchsetzen konnte. Das Canon Law erlaubte die Legitimierung eines unehelich geborenen Kindes durch nachfolgende Heirat. Im Statute of Merton (1236) bestanden die englischen Barone darauf, daß gemäß dem englischen Common Law nur ehelich geborene Kinder legitimiert sein sollten. („Nomulus leges Angliae mutare") Vgl. Keeton (58) S. 65–6.

85 Holdsworth (54) S. 584.

86 Vgl. im einzelnen Holdsworth (54) S. 584–7.

87 Ecclesiastical Courts (36) S. 24.

aber nie explizit in dem Sinn autoritativ gewesen, daß es die kirchlichen Gerichte gebunden hätte.[88]

Stubbs stand damals mit seiner Ansicht nicht allein. Im Gegenteil, seine Sätze waren Ausdruck einer allgemein verbreiteten Ansicht. Sir Robert Phillimore beispielsweise erblickte den besonderen Charakter des englischen Volkes und der englischen Kirche in ihrer Entschlossenheit, das allgemeine Canon Law nicht unbesehen in England Fuß fassen zu lassen, sondern nur solche Teile davon, die sich mit der Verfassung Englands, dem Common Law und den eigenen Gebräuchen der anglikanischen Kirche vertrugen. Die Provincial Constitutions seien das Medium gewesen, durch welches das allgemeine Canon Law Eingang nach England gefunden habe und dabei beträchtlich modifiziert worden sei.[89]

Maitland stellte klar, daß das Council of Merton kein Argument gegen die innerkirchliche Autorität des Ius Commune sein könne. Merton zeige lediglich, daß der englische Staat das Canon Law an der Entfaltung seiner Wirksamkeit gehindert habe. Einzig maßgeblich habe aber zu sein, ob innerhalb des vom Staat nicht beschnittenen Wirkungsbereichs die englische Kirche das römische Canon Law als bindend ansah.[90, 91]

Daß dies der Fall gewesen sein mußte, erschloß sich für Maitland aus der Lektüre von Lyndwood's Provinciale. In dem Kommentar, mit dem Lyndwood die Provincial Constitutions versehen hatte, erscheint der Papst als höchster Gesetzgeber.[92]. Jede allgemeine Konstitution des Papstes, schreibt Lyndwood, entfalte zwei Monate nach ihrer Veröffentlichung bindende Wirkung auch über jene, die keine Kenntnis davon erlangt hätten.[93] Der Häresie mache sich schuldig, wer die Autorität der Dekretalen verachte.[94] Ein Erzbischof oder Bischof könne in deklaratorischer Weise Konstitutionen erlassen, die das Ius Commune wieder in

---

88 Stubbs (86) S. 352.

89 Phillimore (77) S. 13–4.

90 Maitland (70) S. 53–4.

91 Für die Frage der innerkirchlichen Autorität des Ius Commune besagen daher auch die Statuts of Provisors und die Statuts of Praemunire nichts, in deren harten Strafdrohungen Lord Phillimore die Entschlossenheit des englischen Volkes zu erkennen glaubte, eine unabhängige nationale Kirche aufrechtzuerhalten, die nur von solchen Gesetzen regiert wurde, deren Annahme ihr zweckdienlich schien.
Vgl. Phillimore (77) S. 18.

92 Vgl. Lyndwood (68) S. 28, glossa ad verbum *expresse:* „Secus tamen dicerem in papa: et est ratio, quia papa est supra iura."

93 Vgl. Lyndwood (68) S. 51, glossa ad v. *excommunicationum sententiae:* „Constitutio vero papae generalis post duos menses computandos a tempore publicationis eiusdem generaliter factae in consistorio ligat etiam ignorantes."

94 Vgl. Lyndwood (68) S. 292, glossa ad v. *declarentur:* „Dicitur enim haereticus qui ex contemptu Romanae ecclesiae contemnit servare ea quae Romana ecclesia statuit, et etiam qui despicit et negligit servare decretales . . ."

Erinnerung rufen oder ihm Strafdrohungen hinzufügen; er könne auch das Ius Commune durch eigene Bestimmungen ergänzen, sofern diese nicht im Widerspruch zum Ius Commune stünden.[95]

Lyndwood kommentierte also die Gesetze eines nicht souveränen Gesetzgebers. Die Gültigkeit der Provincial Constitutions maß er daran, ob sie nicht *ultra vires statuentis* waren.[96] Dabei war der Gesetzgebungsspielraum des Erzbischofs nicht nur durch päpstliche Dekretalen, sondern auch durch die Canons der vom Papst gesandten Legaten Otho und Othobuono beschränkt.[97]

Es wäre denkbar, daß Lyndwood nicht einen Zustand beschrieb, wie er war, sondern wie er hätte sein sollen. Daß Lyndwood als Dean of the Arches nicht die Tradition des erzbischöflichen Gerichts wiedergab, dem er vorsaß, sondern eine neue Lehre propagierte, welche die Ansichten seiner Vorgänger in ihr Gegenteil verkehrte. Für einen solchen Fall wäre jedoch sein Werk in einem unwahrscheinlich ruhigen Ton geschrieben, ohne die Aggressivität, die man bei einem revolutionären Buch erwarten sollte.[98] Nicht ins Bild passen würde auch die Tatsache, daß schon Ayton, ein Jahrhundert vor Lyndwood, an keiner Stelle die bindende Kraft der Dekretalen in Zweifel zieht.[99]

Von den wenigen Handbüchern, die das Provincial Canon Law zusammentrugen, war nach Lyndwood und Ayton das um 1385 herausgegebene Werk *Pupilla Oculi* von John de Burgh das bekannteste. Es baute auf anonymen Vorgängern auf, namentlich auf dem zwischen 1301 und 1341 entstandenen *Oculus Sacerdotis.* Wie Davis gezeigt hat, zitieren auch diese Werke die Dekretalen und festländische Kanonisten als ihre höchsten Autoritäten.[100] Auch sie sprechen damit gegen Stubbs.

Das Ius Commune kann nicht nur in dem Umfang gegolten haben, in dem es durch Provincial Constitutions rezipiert wurde; denn die Canons der Provincial Councils regeln nicht das gesamte Recht der englischen Kirche. Wäre das Jus

---

95 Vgl. Lyndwood (68) S. 70, glossa ad v. *iuramento:* „Possunt namque archiepiscopi et episcopi constitutiones facere iuris communis declaratorias et revocatorias, et ubi poena deficit in iure possunt poenas apponere et veteram poenam augere. Possunt etiam constitutionibus papalibus addere et eas supplere et ad correctionem morum statuta facere praeceptoria, prohibitoria et poenalia, dum tamen ius commune non subvertant . . ."

96 Maitland (70) S. 19–20.

97 Lyndwood (68) S. 154, glossa ad v. *adjuciendo:* „et verum est quod constitutiones legatinas non poterit archiepiscopus tollere, quia inferior non potest tollere legem superioris."

98 Maitland (70) S. 49.

99 Vgl. Maitland (70) S. 8, 9, 14.

100 Vgl. Davis (28) S. 348–50.

Commune nicht die akzeptierte Basis des englischen Kirchenrechts gewesen, so hätte es beispielsweise kein Eherecht gegeben.[101]

Die von Maitland begründete Ansicht wird heute nirgends mehr ernsthaft bestritten.[102] Man kann daher davon ausgehen, daß das römische Canon Law, das Jus Commune, im vorreformatorischen England unmittelbare Geltung besaß.

3. Kapitel: Entwicklung seit der englischen Reformation

I. Auswirkungen der Reformation auf das Canon Law

Mit der Lostrennung von der Herrschaft des Papstes und der Anerkennung des englischen Königs als Oberhaupt der Kirche erfuhr die Verfassung der englischen Kirche im 16. Jahrhundert eine einschneidende Änderung. Das Canon Law konnte davon nicht verschont bleiben. Sowohl die künftige Gesetzgebung der Convocations wie auch der Fortbestand des überkommenen Canon Law wurde betroffen.

1. Beschränkung des Gesetzgebungsrechts der Convocations

a) Erfordernis königlicher Zustimmung

Der wirkungsvollste Hebel, den Heinrich VIII. ansetzen konnte, um die englische Kirche seinem Supremat unterzuordnen, war die Beschneidung des kirchlichen Gesetzgebungsrechts.[103]

Vom König und seinem Ratgeber Cromwell inspiriert und angeleitet[104], legten die Unterhausabgeordneten des Parlaments am 18. März 1532 dem König eine "Supplication against the Ordinaries" vor. Diese Bittschrift gegen die Bischöfe[105] enthielt die Beschwerden der Commons über den Klerus. An der Spitze stand die Klage, daß sie als Untertanen des Königs Gesetzen des Klerus unterworfen seien, die ohne Zustimmung des Königs und seiner Laienuntertanen erlassen würden.[106]

---

101 Maitland (70) S. 37–9.

102 Vgl. etwa Duggan (34) S. 140, ferner Kuttner-Rathbone (64) S. 279, Fußnote 1. Erfolglos blieb der Versuch von Arthur Ogle (76), Stubbs' Ansicht gegenüber Maitland zu rechtfertigen.

103 Pickthorn (78) S. 180.

104 Keir (59) S. 61.

105 Abgedruckt bei Gee-Hardy (41) S. 145–53.

106 "First, where the prelates and spiritual ordinaries of this your most excellent realm of England, and the clergy of the same, have in their convocations heretofore made and

In ihrer ersten Antwort vom 18. April 1532[107] betonten die Bischöfe, daß sich ihr Gesetzgebungsrecht auf die Schrift Gottes und die Bestimmung der Heiligen Kirche gründe. Sie baten den König um Verständnis dafür, daß sie die Erfüllung ihrer Gesetzgebungspflicht nicht seiner Zustimmung unterwerfen könnten.[108]

Die Unzufriedenheit des Königs mit dieser Antwort veranlaßte die Bischöfe in einem zweiten Schreiben zu dem Zugeständnis, in Zukunft ohne Zustimmung des Königs keine Canons mehr verfassen zu wollen.[109]

In einem dritten Schreiben pochten die Bischöfe jedoch nochmals auf ihr Gesetzgebungsrecht und versuchten, wenigstens in Glaubens- und Moralangelegenheiten ihre Unabhängigkeit vom königlichen Zustimmungserfordernis zu bewahren.[110]

Die Versuche der Bischöfe, das Prinzip unabhängiger Gesetzgebung zu retten, blieben ohne Erfolg. Am 10. Mai 1532 ließ der König den Bischöfen drei Artikel vorlegen, die zeigten, welchen Inhalts die gewünschte Erklärung der Bischöfe sein sollte. Der erste betraf die künftige Gesetzgebung durch den Klerus: kein Gesetz sollte in Zukunft vom Klerus erlassen und in Kraft gesetzt werden, das nicht zuvor die königliche Billigung durch Royal Assent gefunden habe.[111]

Fünf Tage später beugten sich die Bischöfe dem Diktat des Königs. In der sogenannten "Submission of the Clergy" versprachen die Bischöfe, daß die Convocation künftig nur noch auf königliches Geheiß hin zusammentreten werde und daß ohne Royal Licence und Assent in Zukunft kein Canon mehr erlassen würde.[112]

Diese Einschränkungen, denen die Bischöfe die künftige Gesetzgebung der Convocation unterworfen hatten, erstarkten zu Gesetzeskraft, als das Parlament sie zwei Jahre darauf im „Submission of the Clergy Act" (25 Hen. VIII c. 19) verankerte.[113]

---

caused to be made, and also daily do make, many divers fashions of laws, constitutions, and ordinances, without your knowledge or most royal assent, and without the assent and consent of any of your lay subjects . . . which laws so made your said most humble and obedient subjects, under the supportation of your majesty, suppose to be not only to the diminuition and derogation of your imperial jurisdiction and prerogative royal, but also to the great prejudice, inquietation, and damage of your said subjects."
Vgl. Gee-Hardy (41) S. 146.

107 Abgedruckt bei Gee-Hardy (41) S. 154–76.

108 Vgl. Gee-Hardy (41) S. 157.

109 Vgl. Wilkins (92) S. 752.

110 Vgl. Wilkins (92) S. 753.

111 Vgl. Dixon (33) S. 102.

112 Vgl. Gee-Hardy (41) S. 176–8.

113 *Section 1:* "Be it therefore now enacted by authority of this present Parliament, according to the said submission and petition of the said clergy, that they, nor any of

Im 17. Jahrhundert wurde vielfach die Ansicht vertreten, ohne Royal Licence könnten die Convocations einen Canon nicht einmal im Wortlaut festlegen. Heute wird Section 1 des Submission Act's so verstanden, daß die Convocations ohne Royal Licence über einen Canon beraten und beschließen dürfen. Erst danach muß die beschlossene Fassung der Krone vorgelegt werden, damit diese ihre Zustimmung (assent) erteile und die Erlaubnis (licence) ausspreche, den Canon förmlich zu erlassen.[114]

b) Inhaltliche Schranken künftiger Canons

Vor Erlaß des Submission Acts konnte man der Meinung sein, als hätten sich die Bischöfe durch ihre Unterwerfungserklärung von 1532 lediglich eine Abhängigkeit von der Krone eingehandelt, aber keinerlei Abhängigkeit vom Parlament. Insbesondere die Präambel des Gesetzes 24 Hen. VIII c. 12 schien anzudeuten, als stünde die Gesetzgebung der Convocation gleichberechtigt neben der des Parlaments.[115]

Doch schon im Submission Act von 1534 zeigte es sich, daß die Gesetzgebung der Convocation der des Parlaments untergeordnet war, daß die gesetzgeberische Freiheit der Convocation unter anderem auch durch Statutes des Parlaments eingeengt war. Der Submission Act erschöpfte sich nämlich nicht in einer bloßen Wiederholung der Unterwerfungserklärung von 1532. Section 3 setzte der künftigen Gesetzgebung der Convocations auch inhaltliche Schranken: kein Canon dürfe in Zukunft der königlichen Prärogative[116], dem Gewohnheitsrecht, den Gesetzen oder den Statutes des Königreiches widersprechen.[117]

---

them, from henceforth shall presume to attempt, allege, claim or put in ure any constitutions or ordinances, provincial or synodal, or any other canons; nor shall enact, promulge, or execute any such canons, constitutions or ordinance provincial, by whatsoever name or names they may be called, in their convocations in time coming (which always shall be assembled by authority of the king's writ), unless the same clergy may have the king's most royal assent and licence to make, promulge, and execute such canons, constitutions, and ordinances, provincial or synodal, upon pain of every one of the said clergy doing contrary to this Act, and being thereof convict, to suffer imprisonment, and make fine at the king's will."
Vgl. Gee-Hardy (41) S. 197.

114 Vgl. dazu ausführlich Smethurst (85) S. 26–34.

115 "... this realm of England is an empire ... governed by one supreme head and king ... unto whom a body politic, compact of all sorts and degrees of people divided in terms and by names of spirituality and temporality ... the spirituality now being usually called the English Church, ... it hath been always thought, and is also at this hour, sufficient and meet of itself, without the intermeddling of any exterior person ... to determine all such doubts, and to administer all such duties, as to their rooms spiritual doth appertain ..."
Vgl. Gee-Hardy (41) S. 187–8.

2. Umfang der Weitergeltung des vorreformatorischen Canon Law

Angesichts der dominierenden Rolle, die das päpstliche Recht im mittelalterlichen Canon Law Englands gespielt hatte, konnte zwangsläufig mit der Zurückweisung der päpstlichen Autorität auch der Bestand des überkommenen Canon Law nicht unverändert und unbesehen fortgelten.

a) Gesetzliche Grundlagen der Weitergeltung

(1) Provincial Canon Law

Unbestritten ist die Weitergeltung des auf englischen Synoden geschaffenen Provincial Canon Law im Submission of the Clergy Act geregelt. Maßgeblich sind Section 2 und Section 7 des Gesetzes.

Section 2 ermächtigte den König zur Berufung einer 32-köpfigen Kommission, die sich je zur Hälfte aus Vertretern des Klerus und Mitgliedern des Parlaments zusammensetzen sollte. Diese Kommission sollte ermächtigt sein, die vom Klerus des Königreiches erlassenen Canons zu überprüfen. Was der Kommission einer Beibehaltung würdig erscheinen sollte, das sollte mit Zustimmung des Königs weiterhin in Kraft bleiben; Canons, die nicht die Billigung der Kommission und des Königs finden würden, sollten für die Zukunft null und nichtig sein.[118]

---

116 Nach Tanner (89) S. 5 ist royal prerogative „nicht mehr und nicht weniger als die legale Ausübung der königlichen Autorität". Der Umfang der Prärigative änderte sich im Laufe der Geschichte erheblich.

117 *Section 3:* "Provided alway, that no canons, constitutions, or ordinance shall be made or put in execution within this realm by authority of the convocation of the clergy, which shall be contariant or repugnant to the king's prerogative royal, or the customs, laws, or statutes of this realm."
Vgl. Gee-Hardy (41) S. 198.

118 *Section 2:* "And forasmuch as such canons, constitutions, and ordinance, as heretofore have been made by the clergy of this realm, cannot now at the session of this present Parliament, by reason of shortness of time, be viewed, examined, and determined by the king's highness, and thirtytwo persons to be chosen and appointed according to the petition of the said clergy in form above rehearsed: be it therefore enacted by authority aforesaid, that the king's highness shall have power and authority to nominate and assign, at his pleasure, the said two-and-thirty persons of his subjects, whereof sixteen to be of the clergy, and sixteen to be of the temporality of the upper and nether house of the Parliament; and if any of the said two-and-thirty persons so chosen shall happen to die before their full determination, then his highness to nominate other from time to time of the said two houses of the Parliament, to supply the number of the said two-and-thirty; and that the same two-and-thirty, by his highness so to be named, shall have power and authority to view, search, and examine the said canons, constitutions, and ordinances, provincial and synodal, heretofore made, and such of them as the king's highness and the said two-and-thirty, or the more part of them, shall deem and adjudge worthy to be continued, kept, and obeyed, shall be from thenceforth kept, obeyed and executed within this realm, so

Section 7 legte fest, daß bis zur Überprüfung durch die in Section 2 vorgesehene Kommission all jene Provincial Canons, die nicht im Widerspruch stünden zu den Gesetzen, den Statutes, oder dem Gewohnheitsrecht des Reiches und auch nicht die königliche Prärogative verletzten, weitergelten sollten, wie bisher.[119]

Mit "canons, constitutions, and ordinances" sind dabei nicht verschiedene Gesetzgebungsformen, sondern schlicht Canons angesprochen; denn es ist kennzeichnend für die Abfassung englischer Statutes, daß zur Bezeichnung oft einfachster Sachverhalte eine Vielzahl von Begriffen angeführt wird. „Wo ein kontinentaler Gesetzgeber sich mit *einem* umfassenden Begriff begnügen würde, verwendet der englisch, um nur ja den Richter an die Kette zu legen, fünf spezielle, ohne daß damit in der Sache etwas anderes gesagt wäre."[120]

(2) Ius Commune

aa) Herrschende Ansicht

Die erzbischöfliche Canon Law Commission vertritt in ihrem Report von 1947 die Auffassung, der Submission of the Clergy Act regele nicht nur die Weitergeltung des heimischen Canon Law, sondern ganz allgemein die Fortgeltung *des* vorreformatorischen Canon Law, also auch des Ius Commune. Unter den "canons, constitutions, and ordinances", deren Überprüfung durch eine 32-köpfige Kommission Section 2 in Aussicht stellt, versteht der Report von 1947 nämlich „das bestehende Canon Law, wie es im Corpus Juris Canonici und in den Provincial Constitutions enthalten ist".[121] Die erzbischöfliche Kommission folgte damit der vorherrschenden, aber nie näher begründeten Deutung des Submission Acts.[122]

---

that the king's most royal assent under his great seal be first had to the same; and the residue of the said canons, constitutions, or ordinance provincial, which the king's highness, and the said two-and-thirty persons or the more part of them, shall not approve, or deem and judge worthy to be abolished, abrogate, and made frustrate, shall from thenceforth be void and of none effect, and never be put in execution within this realm."
Vgl. Gee-Hardy (41) S. 197–8.

119 *Section 7:* "Provided also, that such canons, constitutions, ordinances and synodals provincial being already made, which be not contrariant or repugnant to the laws, statutes, and customs of this realm, nor to the damage or hurt of the king's prerogative royal, shall more still be used and executed as they were afore the making of this Act, till such time as they be viewed, searched, or otherwise ordered and determined by the said two-and-thirty persons, or the more part of them, according to the tenor, form and effect of this present Act" Gee-Hardy (41) S. 200.

120 So Zweigert-Klötz (98) S. 323.
Vgl. auch oben S. 44 Section 1: "... any such canons, constitutions, or ordinance provincial, by whatsoever name or names they may be called ..."

121 Canon Law (13) S. 45.

bb) Kritik

Dieser Interpretation des Submission of the Clergy Acts kann nicht gefolgt werden. Section 2 faßt nur die Revision des heimischen Provincial Canon Law ins Auge. Entsprechend regelt auch Section 7 nur die Weitergeltung des Provincial Canon Law bis zu diesem Zeitpunkt.

Dies ergibt sich einmal aus dem Wortlaut des Gesetzes: Gegenstand der Überprüfung durch die 32-köpfige Kommission sollten die genannten "canons, constitutions, and ordinances, provincial and synodal" sein, die, wie es zu Beginn der Section 2 heißt, "have been made by the clergy of this realm".[123] Darunter kann das Corpus Iuris Canonici nicht fallen.

Dies beweist zum anderen die Entstehungsgeschichte des Submission Acts. In ihrer "Supplication against the Ordinaries" vom 18. März 1532 hatten die Commons darüber Klage geführt, daß *die Geistlichkeit Englands* in ihren Convocations Gesetze ohne die Zustimmung des Königs und der Laien erlassen habe und weiterhin erlasse.[124] Entsprechend stand in den drei Artikeln des Königs vom 10. Mai 1532 die Forderung:

> "Second, that whereas divers of the *constitutions provincial,* which had been heretofore enacted, were thought not only much prejudical to the King's prerogative, but also much onerous to his Highness's subjects, it should be committed to the examination and judgement of thirty-two persons . . ."[125]

Mit dieser Forderung korrespondierte die fünf Tage später erfolgende Unterwerfung des Klerus. Auch sie bezieht sich nur auf das Provincial Canon Law.[126] Da der Submission Act von 1534 auf diese „Submission" des Klerus vom 15. Mai 1532 ausdrücklich Bezug nimmt,[127] muß dies folgerichtig auch für ihn gelten.

---

122 So bietet etwa Burn (11) in seinem Vorwort auf S. XIX–XXIII eine Zusammenfassung über das Canon Law. Neben dem "foreign canon law", den Sammlungen des Corpus Iuris Canonici, führt er auch die eigenen provincial constitutions an, um dann auf S. XXIII fortzufahren: "Concerning *this whole body* of the canon law, it is enacted by the statute of the 25 Hen. 8, c. 19, as followeth . . ." (Hervorhebungen durch mich).

Ein Beispiel aus jüngster Zeit: der Report "Church and State" von 1970 (26) erklärt auf S. 88 ohne jede Differenzierung: "When the Reformation came *the* Canon Law was preserved by section 7 of the Submission of the Clergy Act." (Hervorhebung durch mich).

123 Wortlaut der Section 2 oben Fußn. 118.
Vgl. auch Ward in: Bullard (9) S. 7: "The promise of a revision of Canon Law is given in the Henrician Statute only in respect of Provincial Canon Law. The wording is clear."

124 Vgl. oben Fußn. 106.

125 Dixon (33) S. 102–3 (Hervorhebung durch mich).

126 Vgl. Gee-Hardy (41) S. 177.

127 Vgl. Gee-Hardy (41) S. 196.

Soweit die Provincial Constitutions lediglich Bestimmungen des Corpus Iuris Canonici wiedergegeben hatten, betraf die im Submission Act geregelte Weitergeltung des heimischen Provincial Canon Law – im Gewande der Provincial Constitutions – auch die weitere Gültigkeit des Ius Commune.

Hätte das Ius Commune in England nicht aus eigener Kraft, sondern nur insoweit gegolten, als es von den Convocations rezipiert wurde, hätten m.a.W. die Provincial Constitutions abschließend geregelt, welche Teile des Corpus Iuris Canonici in England galten, dann, aber auch nur dann, wäre die undifferenzierte Aussage wahr, daß die Fortgeltung des vorreformatorischen Canon Law im Submission Act geregelt sei.

Daß diese Prämisse nicht zutrifft, unterliegt seit Maitland keinem Zweifel mehr. Auch die Canon Law Commission ging nicht von ihr aus.[128]

Daraus folgt, daß die Frage der allgemeinen Weitergeltung des Ius Commune nicht im Submission of the Clergy Act geregelt ist.

cc) Eigene Ansicht

Über das weitere Schicksal des Ius Commune wurde in zwei anderen Gesetzen entschieden.

Einmal im "Act Forbidding Papal Dispensations and the Payment of Peter's Pence" (25 Hen. VIII c. 21). In diesem Gesetz wird ausgeführt, England erkenne unter Gott keinen Höheren an als nur den König; es unterliege daher nur solchen Gesetzen, die innerhalb des Reiches erlassen worden seien oder solchen anderen, deren Geltung die Bevölkerung des Reiches unter Duldung des Königs und seiner Vorfahren aus freiem Willen zugestimmt habe, und die durch lang ausgeübte Gewohnheit bindende Kraft erlangt hätten. Nicht weil es die Gesetze irgendeines ausländischen Fürsten, Potentaten oder Prälaten (sc. des Papstes) seien, würden diese anderen Gesetze beachtet, sondern nur, weil sie durch diese Duldung, Zustimmung und Gewohnheit zum Recht des Königreichs geworden seien.[129]

Das Ius Commune sollte also, wie Lord Hale schrieb, nicht gegolten haben, weil dieser Papst oder jenes Konzil diese oder jene Bestimmung erlassen habe, weil ein Gratian, ein Gregor, Bonifatius oder Clemens diese oder jene Kanonessammlung

128 Vgl. Canon Law (13) S. 41, 48.

129 "For where this your grace's realm recognizing no superior under God, but only your grace, has been and is free from subjection to any man's laws, but only to such as have been devised, made, and ordained within this realm, for the wealth of the same, or to such other as, by sufferance of your grace and your progenitors, the people of this your realm have taken at their free liberty, by their own consent to be used amongst them, and have bound themselves by long use and custom to the observance of the same, not as to the observance of the laws of any foreign prince, potentate, or prelate, but as to the accustomed and ancient laws of this realm, originally established as laws of the same, by the said sufferance, consents, and custom and none otherwise . . .". Vgl. Gee-Hardy (41) S. 210–11.

legalisierte, sondern nur, soweit es durch lange Gewohnheit rezipiert worden sei.[130]

35 Hen. VIII c. 16 ist das zweite einschlägige Gesetz. Es erneuerte die Ermächtigung Heinrichs VIII. zur Einsetzung einer 32 Mann starken Revisionskommission und enthielt dabei gegenüber dem Submission Act einen entscheidenden Zusatz: bis diese Revision abgeschlossen sei, sollten

> "such canons, constitutions, ordinances, synodal or provincial, *or other ecclesiastical laws or jurisdictions spiritual, as be yet accustomed and used here in the Church of England*, which necessarily and conveniently are requisite to be put in ure and execution for the time, not being repugnant, contrarient or derogatory to the laws or statuts of the realm, nor to the prerogatives of the regal crown of the same, or any of them, shall be occupied, exercised and put in ure for the time, within this realm . . ."[131]

Der Zusammenhang des Gesetzes 35 Hen. VIII c. 16 mit 25 Hen. VIII c. 21 ist unverkennbar. Im Act 25 Hen. VIII c. 21 war festgelegt worden, daß das Ius Commune nur als Gewohnheitsrecht in England Geltung erlangt haben konnte. Mit 35 Hen. VIII c. 16 wurde nun auch dieses gewohnheitsrechtlich rezipierte Ius Commune demselben Kriterium für seine Weitergeltung unterworfen, dem das Provincial Canon Law schon seit dem Submission Act unterlag: der Konformität mit dem Landesrecht.

Diese Regelungen waren als Provisorien gedacht, bis die geplante 32-köpfige Revisionskommission ihr Werk vollendet hätte.

b) Reformatio Legum

Die im Submission Act ausgesprochene Ermächtigung zur Ernennung einer Revisionskommission wurde 1536 und 1544 in zwei weiteren Gesetzen erneuert.[132] Auf die letzte Ermächtigung hin gedieh ein Reformentwurf noch unter Heinrich VIII. sehr weit, erlangte jedoch nicht die Unterschrift des Königs.

Unter Edward VI. wurde das Vorhaben wieder aufgegriffen. Um das durch den Act 3 & 4 Edward VI. c. 11 von neuem angestrebte Reformvorhaben zu beschleunigen, wurden 1551 Erzbischof Cranmer und Peter Martyr mit sechs weiteren Leuten als Unterkommittee einer 32 Mann starken Kommission mit der Erstellung eines Reformentwurfs beauftragt. Sie verfaßten einen revidierten Kodex, die „Reformatio Legum Ecclesiasticarum". Der 16-jährige Edward VI. starb jedoch, ohne dem Werk zuvor durch seine Zustimmung Rechtsgültigkeit verliehen zu haben.

Versuche, die Reformatio Legum unter Elizabeth durchzusetzen, scheiterten 1559 und 1571 im Parlament ebenso wie 1563 in der Convocation.[133]

130 Hale: History of the Common Law, S. 27; zitiert nach Burn (12), S. 40–41.

131 Vgl. Gee-Hardy S. 210–11.

132 27 Hen. VIII c. 15 und 35 Hen. VIII c. 16.

133 Vgl. dazu Neale (75) S. 63–4, 89, 194, 197.

Nach einigen Änderungen durch Erzbischof Parker wurde die Reformatio Legum Ecclesiasticarum 1571 noch gedruckt, danach hört man nichts mehr von ihr.[134]

c) Ergebnis

(1) Provincial Canon Law

Dem gescheiterten Versuch der Reformatio Legum folgte kein weiterer. Section 7 des Submission Act's hatte damit ihren provisorischen Charakter verloren. Mit der Autorität eines Parlamentsgesetzes blieb damit bekräftigt, daß die Provincial Constitutions fortbestehen sollten, sofern sie nicht im Widerspruch zum Gewohnheitsrecht (Common Law), zu den Statutes oder zur königlichen Prärogative standen.

(2) Ius Commune

aa) Weitergeltung kraft Gewohnheitsrechts

Die historische Begründung, mit der das Gesetz 25 Hen. VIII c. 21 erklärt hatte, das römische Canon Law habe seit jeher nur gegolten, soweit es durch selektive Annahme des englischen Volkes gewohnheitsrechtliche Kraft erlangt habe, war zweifellos verfälschende Geschichtsdeutung. Dies war offenbar schon Gibson bewußt, wenn er schrieb, daß das allgemeine Canon Law der Konzilien und Päpste vor der Reformation aus eigener Autorität gegolten habe[135], dies wird seit Maitland generell anerkannt.

Daß die Begründung den geschichtlichen Tatsachen nicht entsprach, tat der konstitutiven Kraft des Gesetzes freilich keinen Abbruch, obwohl es vorgab, in diesem Punkt nur eine deklaratorische Aussage zu treffen.

Das Ius Commune der westlichen Kirche gilt daher nur weiter als englisches Gewohnheitsrecht, als Common Law der Kirche. Von einem solchen „Jus commune Ecclesiasticum" kann man nach Gibson sprechen, da das Staatsganze in "Spirituality" und "Temporality" aufgeteilt sei, was seine Entsprechung auch im Gewohnheitsrecht finden müsse.[136]

Die Frage nach der Weitergeltung des Ius Commune ist nicht schon damit beantwortet, daß es zur Zeit der Reformation gewohnheitsrechtlich galt. Als weiteres Erfordernis tritt hinzu, daß die Gewohnheit seit der Reformation „beibehalten wurde, daß sie allgemein anerkannt wurde, und daß die Bischöfe sich nach ihr gerichtet hatten".[137]

Nachreformatorisches Gewohnheitsrecht setzt somit vorreformatorisches Ge-

134 Vgl. zur Geschichte der Reformatio Legum die kurze Wiedergabe bei Fabricius (39) S. CXXXI; ausführlicher: Cardwell (17) Preface III–XVI, sowie S. 325–6.

135 Gibson (43) Introduction S. XXVIII.

136 Gibson (43) Introduction S. XXVII.

wohnheitsrecht als Recht fort, gegenteiliges Gewohnheitsrecht nimmt dem vorreformatorischen Gewohnheitsrecht seinen Rechtscharakter. Die Regel des englischen Common Law, daß eine Gewohnheit seit unvordenklicher Zeit bestehen muß, um als Recht anerkannt zu werden, gilt nicht für das Canon Law. Dieses begnügt sich mit einer ununterbrochenen Periode von mindestens 40 Jahren.[138]

Durch bloße Nichtbefolgung über einen Zeitraum von 40 Jahren konnte das als Gewohnheitsrecht weitergeltende Ius Commune seine Wirksamkeit nicht verlieren. Die Canon Law Commission nennt in Anlehnung an Suarez eine Reihe von notwendigen, schwierig zu ermittelnden Qualifikationen, damit eine Gewohnheit als neues Recht das alte ersetzen könne.[139] Für England kommt hinzu, daß eine Gewohnheit nicht gegen das Statute Law verstoßen darf, um neues Recht begründen oder altes aufheben zu können.[140, 141]

bb) Inhaltliche Voraussetzung der Weitergeltung

Hing die Weitergeltung des Ius Commune, soweit es in den Provincial Constitutions keinen Niederschlag gefunden hatte, auch noch davon ab, daß es zu den Statutes, dem Gewohnheitsrecht und der königlichen Prärogative nicht im Widerspruch stand?

Für die herrschend vertretene Meinung, wie sie im Report von 1947 zum Ausdruck kommt, ist die Antwort klar: der Submission Act regelt die Fortgeltung des gesamten vorreformatorischen Canon Law; die inhaltlichen Schranken, von denen Section 7 die Weitergeltung abhängig machte, gelten damit zwangsläufig auch für das Ius Commune.

---

137 "... that it had been continued and uniformly recognised and acted upon by the bishops of the Anglican Church since the Reformation."
Siehe Exeter (Bishop) v. Marshall (1868) L.R.3.H.L. S. 54 auszugsweise abgedruckt bei Halsbury (49) S. 427 (h).

138 Der Report von 1947 (13) S. 64 belegte diese Feststellung nur mit einem Zitat des Jesuiten Francisco Suarez. Inzwischen hat E.W. Kemp (61) S. 64–9 den Nachweis erbracht, daß kirchliche Gerichte tatsächlich mit dieser Dauer gearbeitet haben.

139 So muß beispielsweise die Gewohnheit „vernünftig" sein, sie muß „von den Inhabern der Autorität über die fragliche Gemeinschaft zumindest geduldet, wenn nicht aktiv gebilligt werden".
Vgl. Canon Law (13) S. 64–5.
Offen muß bleiben, ob alle vom Canon Law Report zitierten Erfordernisse auch von den kirchlichen Gerichten für notwendig erachtet wurden.
Ayliffe (1) S. 194–5 nennt sie größtenteils nicht.

140 Vgl. Halsbury (48) S. 32–5, sowie Canon Law (13) S. 65.

141 Zu Unrecht geht in meinen Augen der Canon Law Report (13) davon aus, daß das gesamte vorreformatorische Canon Law (S. 46–7), also auch das Provincial Canon Law (S. 63) nur auf gewohnheitsrechtlicher Basis weitergilt. Dies wurde in 25 Hen. VIII c. 21 nur für die ausländischen Gesetze (das Ius Commune) festgelegt. Siehe den Wortlaut des Gesetzes oben Fußn. 129).

Gegen diese Ansicht spricht jedoch nicht nur der Wortlaut und die Entstehungsgeschichte des Submission Act's[142], sondern auch noch folgende Überlegung: als ausländisches Recht galt das Ius Commune gemäß 25 Hen. VIII c. 21 nur insoweit, als es durch langdauernde Übung des englischen Volkes zu englischem Gewohnheitsrecht geworden war. Wie sollte nun dieses gewachsene Gewohnheitsrecht gleichzeitig mit dem Gewohnheitsrecht, d.h. den "customs" der Section 7 des Submission Acts, in Widerspruch stehen können? Ein Widerspruch zwischen dem Jus Commune Ecclesiasticum und dem Jus Commune Laicum wäre nur denkbar, wenn verschiedene Bevölkerungskreise diese Gewohnheitsrechte gebildet hätten. Gerade dies war aber zur Zeit der Reformation nicht der Fall: Staatsvolk und Kirchenvolk waren identisch.

Bezeichnenderweise ist im Gesetz 35 Hen. VIII c. 16, das nach der hier vertretenen Auffassung die inhaltlichen Schranken für das Weitergelten des Ius Commune aufstellt, die Fortgeltung in auffälliger Abweichung vom Submission Act nur von der Konformität mit dem Statute Law und der königlichen Prärogative, nicht aber mit dem Gewohnheitsrecht abhängig gemacht.[143]

Mit dem Hinweis auf das Gesetz 35 Hen. VIII c. 16 kann für das Ius Commune das Konformitätserfordernis mit dem Statute Law und der königlichen Prärogative nur dann bejaht werden, wenn dieses Gesetz seine Gültigkeit nicht verloren hat.

Ausdrücklich, wie die Gesetze 25 Hen. VIII c. 19 und 25 Hen. VIII c. 21 wurde das Gesetz 35 Hen. VIII c. 16 von Königin Mary im Second Act of Repeal von 1554 (1 & 2 Philip and Mary c. 8)[144] nicht aufgehoben.[145] Dieser Act enthielt jedoch eine allgemeine Verfallsklausel. Diese legte fest, daß alle Regelungen eines Parlamentsgesetzes, das seit dem zwanzigsten Regierungsjahr Heinrichs VIII erlassen worden war, nichtig sein sollten, falls sie irgendeine Angelegenheit betrafen, die in einem der ausdrücklich aufgehobenen Gesetze enthalten war.[146]

Im Gegensatz zu den Gesetzen 25 Hen. VIII c. 19 und 25 Hen. VIII c. 21 wurde 35 Hen. VIII c. 16 von Elizabeth nicht wieder in Kraft gesetzt. Ihr Supremacy

142 Vgl. oben S. 24 ff.

143 Vgl. den Wortlaut oben S. 31.

144 Abgedruckt bei Gee-Hardy (41) S. 385–415.

145 Vgl. die Übersicht der aufgehobenen Statuts bei Williams (93) S. 863.

146 "And be it further enacted by the authority aforesaid, that all clauses, sentences, and articles of every other statute or Act of Parliament, made since the twentieth year of the reign of King Henry VIII, against the supreme authority of the pope's holiness or See Apostolic of Rome, or containing any other matter of the same effect only, that is repealed in any of the statuts aforesaid, shall be also by authority hereof from henceforth utterly void, frustrate, and of none effect."
Vgl. Gee-Hardy (41) S. 392–3.35 Hen. VIII c. 16 betraf wie der ausdrücklich aufgehobene Submission Act die Einsetzung der Revisionskommission und war infolgedessen ebenfalls nichtig.

Act (1 Eliz. c. 1)[147] bestimmte nämlich, daß alle in Mary's Act of Repeal für nichtig erklärten Gesetze aufgehoben bleiben sollten, soweit sie nicht ausdrücklich wieder in Kraft gesetzt wurden.[148]

Auf den ersten Blick ein recht unschönes Ergebnis! Unter Heinrich VIII. war durch den Submission Act gewährleistet, daß keine Provincial Constitution mit dem Landesrecht kollidieren konnte, dank 35 Hen. VIII c. 16 konnte auch das Ius Commune nicht im Widerspruch dazu weiterbestehen. In dieser vormals durchgehenden Einheitlichkeit des Rechts scheint eine Lücke zu klaffen, nur weil 35 Hen. VIII c. 16 nicht wieder in Kraft gesetzt wurde.

Dies ist jedoch nicht der Fall. Denn infolge 25 Hen. VIII c. 21 galt das Ius Commune nur weiter, soweit es Gewohnheitsrecht war. Und so wenig weltliches Gewohnheitsrecht gegenüber einem gegenteiligen Statute Bestand haben kann, so wenig vermag dies auch kirchliches Gewohnheitsrecht.[149]

Im Ergebnis besteht also kein Unterschied zur herrschenden Ansicht, die allein aus dem Submission Act für das gesamte vorreformatorische Canon Law das Konformitätserfordernis mit dem weltlichen Landesrecht ableitet.

Durch diese Gesetzgebung der Reformation entstand große Unsicherheit über den Umfang der Weitergeltung des vorreformatorischen Canon Law. Denn nie wurde autoritativ und abschließend festgelegt, welche Teile des Corpus Iuris Canonici als Gewohnheitsrecht der englischen Kirche rezipiert wurden, welche nicht; nie im einzelnen ermittelt, welche Canons wegen Unverträglichkeit mit dem weltlichen Landesrecht nichtig sein sollten.[150]

3. Canon Law wird Law of the Land

Während der jüngst abgeschlossenen Revision ging man mit Selbstverständlichkeit davon aus, daß das Canon Law durch die Reformationsgesetzgebung zum Law of the Land, zum Recht des Landes, geworden sei. Auf eine nähere Begründung dieser Aussage glaubte man dabei verzichten zu können[151], obwohl sich deren Richtigkeit mit zwingender Notwendigkeit eigentlich nur hinsichtlich des vorreformatorischen Ius Commune ergibt; denn hier hatte das Gesetz 25 Hen. VIII c. 21 mit der Fiktion gearbeitet, das Ius Commune habe nur als Gewohnheitsrecht des Landes in England wirksam werden können.[152]

Man wird jedoch Gibson mit gutem Grund folgen dürfen, wenn er die nachrefor-

---

147 Abgedruckt bei Gee-Hardy (41) S. 442–58.

148 Vgl. Gee-Hardy (41) S. 445–6.

149 Vgl. Halsbury (48) S. 32–5; Canon Law (13) S. 65.

150 Vgl. Canon Law (13) S. 47.

151 Vgl. C.C.C. January 1958, S. 9.

152 "... but as to the accustomed and ancient laws of this realm, originally established as laws of the same ...". Vgl. oben Fußn. 129.

matorischen Canons zum Landesrecht zählt, weil sie Royal Licence und Royal Assent aufweisen können.[153]

Die pauschale Aussage, das Canon Law sei zum Recht des Landes geworden, ist aber wohl nicht gerechtfertigt, soweit sie sich auch auf vorreformatorisches Provincial Canon Law bezieht. Diese Canons wurden ohne königliche Zustimmung erlassen. Obwohl mit Section 7 des Submission Acts ein Parlamentsgesetz ihre weitere Gültigkeit anordnete, läßt sich ihre Landesrechtsqualität daraus nur schwerlich ableiten, denn Section 7 läßt sie nur mit der Rechtsqualität weitergelten, die ihnen bereits vor Erlaß des Submission Acts zukam.[154]

Sein Charakter als Landesrecht führt dazu, daß das Canon Law gegebenenfalls auch vor weltlichen Gerichten Beachtung findet.[155]

4. Fehldeutungen des Submission Act's

a) Abänderbarkeit des vorreformatorischen Provincial Canon Law

H.C. Bell schrieb, eine Änderung des vorreformatorischen Provincial Canon Law sei grundsätzlich nur nach den Empfehlungen einer eigens ernannten 32 Personen starken Kommission möglich. Die einzige Ausnahme sei eine Abänderung durch ein Statute, da ja kein Statute ein zukünftiges Statute binden könne.[156]

Es genügt schon die sorgfältige Lektüre von Section 2 des Submission Acts[157], um zu erkennen, daß darin nur eine Ermächtigung an den König zur Einsetzung dieser Kommission ausgesprochen, aber keinesfalls der einzig mögliche Weg einer Änderung festgelegt wurde. Letzte Zweifel beseitigt Section 1 des Gesetzes, die eine Gesetzgebung und damit zwangsläufig auch eine Abänderung des bisherigen Rechts durch die Convocations ausdrücklich vorsah.[158]

b) Wurde das Canon Law zum Statute Law?

Bisweilen wird die Ansicht vertreten, als sei das Canon Law, soweit es durch den Submission Act in seinem Fortbestand bestätigt worden war, selbst zum Statute Law geworden.[159]

153 Gibson (43) S. 974, sowie Introduction S. XXIX.

154 "... shall more still be used and executed *as they were afore the making of this Act..*" vgl. oben Fußn. 119.

155 Würde etwa ein gültiger Canon die Geistlichen der anglikanischen Kirche zur absoluten Wahrung des Beichtgeheimnisses verpflichten, so müßte jedes weltliche Gericht Englands deshalb ein Zeugnisverweigerungsrecht anerkennen. Dazu näher unten S. 72–78.

156 H.C. Bell in Bullard-Bell (10) Introduction II S. XLVII.

157 Sie steht unter Fußn. 118.

158 Wortlaut oben Fußn. 113.

159 Vgl. C.C.C. May 1954, S. 154.

Diese Auffassung läßt sich aus Section 3 heraus widerlegen.[160] Dieser Abschnitt des Gesetzes gebietet, daß künftige Canons niemals einen Widerspruch zu Statutes aufweisen dürfen. Zählte nun das gesamte überkommene Provincial Canon Law zu den in Section 3 genannten Schranken des Statute Law, so wäre die im nämlichen Gesetz vorgesehene Gesetzgebung durch die Convocations von der Schrankenseite her fast völlig paralysiert. Der Submission Act konnte daher das Provincial Canon Law nicht zum Statute Law erhoben haben.

Dieses Argument gilt natürlich erst recht, wenn man mit der herrschenden Meinung annähme, daß der Submission Act die Weitergeltung des gesamten vorreformatorischen Canon Law's regelt, wenn m.a.W. das gesamte vorreformatorische Canon Law zu den Schranken künftiger Gesetzgebung durch die Convocations zählte.

II. Nachreformatorisches Canon Law bis zum Niedergang der Convocations

1. Canons unter Elizabeth I.

Im Jahre 1571, das die Reformatio Legum endgültig scheitern sah, verabschiedeten die Oberhäuser der beiden Convocations elf Canons, um ein Teilgebiet der kirchlichen Disziplin zu regeln.[161] Diese Canons fanden aber weder die Zustimmung der Unterhäuser der Convocations, noch erteilte die Königin den Royal Assent. Sie waren daher ohne bindende Kraft.[162]

1575 erließ die Convocation von Canterbury, versehen mit königlicher Zustimmung, dreizehn Artikel, die sicherstellen sollten, daß nur geeignete Kandidaten Zugang zu den kirchlichen Ämtern finden sollten.[163]

Offen muß bleiben, ob auch die sechs Artikel von 1585[164] den Royal Assent erhielten.[165] Jedenfalls erhielten sie in Gestalt der zwölf Canons von 1597[166] rechtlich bindende Kraft durch die Zustimmung der Königin.

---

160 Wortlaut oben, Fußn. 117.

161 Abgedruckt bei Cardwell (16) S. 111–31.

162 Da die Lower Houses der Convocations nicht zugestimmt hatten, entbehrten diese Canons auch einer ausreichenden „kirchlichen Autorisierung", die ihnen Wahl (90) S. 31 zugestehen will. Ohne Billigung der Lower Houses können die Convocations weder einen Canon noch einen sonstigen Act of Convocation erlassen. Vgl. zum Vetorecht des Lower House Gibson (44) S. 130–3, sowie Smethurst (85) S. 130–3.

163 Abgedruckt bei Cardwell (16) S. 132–8.

164 Abgedruckt bei Cardwell (16) S. 139–46.

165 Dies bejaht Cardwell (16) S. 140). Ohne Quellenangabe verneint es der Report von 1947 (13) S. 72.

166 Abgedruckt bei Cardwell (16) S. 147–63.

2. Die Canons von 1603

Eine Neugestaltung des Canon Law in größerem Ausmaß erfolgte erst unter Jakob I. Im Jahre 1604 stimmten beide Häuser der Convocation von Canterbury den 141 Canons zu, die unter Federführung von Bischof Bancroft verfaßt worden waren.[167]

Das neue Gesetzbuch wurde noch im selben Jahr vom König bestätigt. Jakob I. ordnete seine Geltung nicht nur innerhalb der südlichen Provinz an, deren Convocation die Canons beschlossen hatte, sondern ausdrücklich auch für die Provinz York, deren Convocation noch nicht zugestimmt hatte.[168]

Um ihr Recht auf eine eigene, von Canterbury unabhängige Gesetzgebung zu betonen, erwirkte die Convocation von York eine Royal Licence, auf Grund derer sie 1606 den Canons von Canterbury zustimmte und für die Provinz York übernahm.[169]

Das Gesetzbuch von 1603 war in erster Linie eine Zusammenfassung früherer kirchenrechtlicher Regelungen. Es bestand größtenteils aus den Canons von 1571 und 1597, sowie aus königlichen Verordnungen, die Edward VI. und Elizabeth I. erlassen hatten; auch die Advertisements von Erzbischof Parker[170] wurden verwertet. Daneben gaben eine Anzahl von Canons vorreformatorisches Canon Law wieder. Die inhaltlich neuen Canons betrafen vor allem die Reform des Verfahrens bei den kirchlichen Gerichten. Das Buch der 141 Canons war nicht als abschließender Kodex des Canon Law konzipiert. Es sollten lediglich jene Fragen zusammenfassend geregelt werden, die am dringendsten einer Regelung bedurften.[171]

3. Die Canons von 1640

Seit langem war es Gewohnheit, daß die Convocations sich zusammen mit dem Parlament versammelten und auflösten. Als das „kurze Parlament", das erst am 13. April 1640 zusammengetreten war, schon am 5. Mai wieder aufgelöst wurde, versicherte sich daher König Karl I. erst des zustimmenden Rats von sieben Richtern, ehe er mit einer "special commission" vom 12. Mai 1640 den Convocations die Weitertagung gestattete. Die Convocations tagten daraufhin noch bis

167 Diese Canons stehen zusammen mit einer deutschen Übersetzung bei Fabricius (39) S. 465–564.

168 Wortlaut der Zustimmung bei Fabricius (39) S. 563–4.

169 Wake (91) S. 507. Das unterschiedliche Datum der Inkraftsetzung durch die beiden Convocations führte dazu, daß die 141 Canons üblicherweise als die Canons von 1603, dem Jahr des Beginns, bezeichnet werden. Vgl. Garbett (40) S. 232.

170 Abgedruckt bei Gee-Hardy S. 467–75.

171 Vgl. zum ganzen: Canon Law (13) S. 72–4.

zum 29. Mai und verabschiedeten dabei 17 Canons, die den Assent der Krone erhielten.[172]

Die Autorität dieser Canons blieb infolge der vorangegangenen Auflösung des Parlaments immer umstritten. Durch das Gesetz 13 Car. II, Stat. I c. 12 von 1661 wurden sie jedenfalls nicht verworfen. Dieses Gesetz, das die kirchliche Gerichtsbarkeit nach dem Bürgerkrieg wieder einführte, stellte nämlich nur ausdrücklich klar, daß dadurch die Canons von 1640 parlamentarisch nicht bekräftigt werden sollten.

Es liegen aber Gerichtsurteile vor, die diesen Canons die bindende Kraft absprachen.[173]

III. Niedergang der Convocations

Durch eine mündliche Vereinbarung mit Lordkanzler Clarendon verzichtete Erzbischof Sheldon 1664 auf das überkommene Recht des Klerus, sich in den Convocations selbst zu besteuern, und unterwarf die Geistlichkeit der Besteuerung durch das Parlament[174]. Damit war für die Krone der Zwang entfallen, die Convocations zum Zwecke der Steuerbewilligung regelmäßig tagen zu lassen. Die Folgen zeichneten sich auch sofort ab: während der gesamten Regierungszeit Karls II. und Jakobs II. wurden die Convocations zwar noch mit dem Parlament einberufen, aber dann gleich wieder vertagt.

Neben der Aufgabe des Selbstbesteuerungsrechts trug zum Niedergang der Convocations maßgeblich der Streit bei, der zu Beginn des 18. Jahrhunderts zwischen den beiden Häusern der Convocations entbrannte.[175] Die andauernden Auseinandersetzungen zwischen Upper und Lower House machten eine effektive Zusammenarbeit beider Häuser unmöglich und ließen Erzbischof Tennison häufig Zuflucht zur Vertagung der Convocations nehmen. 1717 wurde die Krone dieser andauernden Schwierigkeiten müde. Sie löste die Convocations auf und ließ sie künftig nur noch formell und traditionsgemäß zusammentreten, um sie alsbald wieder zu vertagen.

Lediglich 1741 trat die südliche Convocation noch einmal zusammen, um gewisse Reformen in Angriff zu nehmen. Der Versuch scheiterte jedoch, und die Convocation „nahm ihren Schlaf wieder auf“[176]. Er sollte über hundert Jahre

---

172 Abgedruckt bei Cardwell (16) S. 380–415.

173 Siehe Canon Law (13) S. 75.

174 Einen Deutungsversuch über die Gründe dieser Vereinbarung gibt Sykes (87) S. 41–3: Durch das Übereinkommen sollte einer drohenden Erhöhung der kirchlichen Steuerlast begegnet werden.

175 Vgl. dazu ausführlich: Sykes (87) S. 46 ff., sowie Wahl (90) S. 76–84.

176 Kemp (60) S. 171.

lang dauern. Bis in die Mitte des 19. Jahrhunderts hinein konnten die Canons von 1603 somit auf synodalem Weg nicht mehr abgeändert werden. Sie mußten damit zwangsläufig immer unzeitgemäßer und unbrauchbarer werden.

IV. Verbindlichkeit des Canon Law

1. Verbindlichkeit gegenüber Laien

Der Submission of the Clergy Act wollte den Wirkungsbereich künftiger Canons nicht auf die Geistlichkeit beschränkt wissen. Hätte die Verbindlichkeit des Canon Law für Laien ausgeschlossen werden sollen, so „wäre diese Beschränkung in das Gesetz aufgenommen worden, um so mehr, als die Petition des Unterhauses[177] die bisherige Bindung der Laien durch das Canon Law ausdrücklich angegriffen hatte".[178]

In Canon 140 von 1603 bestanden die Convocations mit Nachdruck darauf, daß Geistliche wie Laien sich den Canons der Convocations zu unterwerfen hätten.[179] Auch in der Bestätigung der Canons von 1603 durch den König wurden *alle* Untertanen, nicht nur der Klerus, zur Beachtung der Canons aufgefordert.[180]

Gegen eine Bindung der Laien durch die Canons von 1603 erhob sich im Parlament heftiger Widerstand, vor allem von seiten puritanischer Abgeordneter. Sie bestritten dem Klerus das Recht zum Erlaß von Vorschriften, die im Anschluß an die angedrohte Exkommunikation den Übertreter auch noch weltlicher Bestrafung zuführen würden. 1605 suchten die Commons eine Gesetzesvorlage durchzubringen, die vorsah, daß kein Canon der letzten zehn Jahre oder künftigen Datums die Kraft haben sollte, irgendeine Person anzuklagen oder sie in ihrem Leben, ihrer Freiheit, ihren Ländern oder ihren Gütern zu verletzen, ohne daß dieser Canon zuvor durch einen Akt der (weltlichen) Legislatur bestätigt würde. Das Parlament wurde jedoch aufgelöst, ehe die Vorlage die dritte Lesung erreichte.[181]

---

177 Wortlaut vgl. oben Fußn. 106.

178 Wahl (90) S. 61–2.

179 Canon 140: "Whosoever shall affirm, That no manner of person, either of the Clergy or Laity, not being themselves particularly assembled in the said sacred Synod, are to be subject to the decrees thereof in causes Ecclesiastical (made and ratified by the King's Majesty's supreme authority) as not having given their voices unto them, let him be excommunicated and not restored, until he repent and publicly revoke that his wicked error."

180 "we ... command ... the same to be diligently observed, executed, and equally kept by all our loving Subjects of this our Kingdom ..."

181 Vgl. Cardwell (16) S. 165.

In ihrem Kampf gegen die Canons von 1640 faßten die Commons sogar einmütig folgende Resolution, der sich auch das Oberhaus anschloß:

> "That the clergy of England convented in any convocation or synod or otherwise, have no power to make any constituions, canons, or acts whatsoever, in matter of doctrine, discipline, or otherwise, to bind the clergy or laity of the land, without common consent of parliament."[182]

Nicht nur für die Laien, auch für den Klerus sollten demnach alle Canons unverbindlich sein, die sich nicht auf die Zustimmung des Parlaments stützen konnten.

Diese radikale Auffassung konnte sich aber bei den Gerichten nicht durchsetzen. Deren Rechtsprechung war zunächst uneinheitlich. In der Entscheidung Bird and Smith beispielsweise, im 4. Regierungsjahr Jakobs I., wurde den Canons der Kirche, die von den Convocations und dem König erlassen worden waren, in kirchlichen Angelegenheiten dieselbe Bindungskraft zuerkannt wie Gesetzen des Parlaments.[183]

Diese Ansicht bekämpfte Lord Coke in seinem 12. Report: „Eine Convocation mag Constitutions erlassen, durch welche die Mitglieder der Geistlichkeit gebunden werden sollen (weil sie alle entweder repräsentiert oder in Person anwesend sind), nicht aber die Laien."[184]

Gegen den Gedanken der mangelnden Repräsentation der Laien, mit dem die Verbindlichkeit der Canons über die Laien geleugnet wurde, wandte sich mit Entschiedenheit Gibson. Er suchte Lord Coke mit dessen eigenen Worten der Unzulässigkeit des Repräsentations-Arguments zu überführen: an anderer Stelle habe Coke die Notwendigkeit bestritten, daß der Klerus den Parlamentsgesetzen zustimmen müsse, um von ihnen gebunden zu werden.[185]

Die Rechtsprechung folgte jedoch dem Weg, den Coke gewiesen hatte. Zum „locus classicus"[186] für die Frage der Verbindlichkeit des Canon Law wurde der Präzedenzfall Middleton v. Crofts (1736).[187]

In diesem Urteil führte Lord Hardwicke aus, daß die Canons von 1603 mangels parlamentarischer Zustimmung *proprio vigore*, d.h. aus eigener Kraft und Autorität, die Laien nicht binden könnten. Andererseits gäben die Canons von 1603 vielfach nur deklaratorisch das alte Recht der Kirche von England wieder, wie es rezipiert und zugelassen wurde. Solche Canons vermöchten auf Grund dieser

---

182 Vgl. Cardwell (16) S. 385.

183 "That the Canons of the Church made by Convocation and King, bind in matters Ecclesiastical as much as an Act of Parliament." Mo. 783.

184 12 Co.Rep. S. 73.

185 Vgl. Gibson (43) Introduction S. XXIX.

186 Kemp (60) S. 159.

187 2 Atk., S. 650 und 675; auszugsweise abgedruckt bei Burn (11) Preface XXVII–XXX.

"ancient allowance" die Laien zu binden, aber nicht etwa, weil sie im Gesetzbuch von 1603 stünden.[188]

Durch neue Gesetze könne das gesamte Volk Englands nur gebunden werden, wenn sie vom König mit dem Rat und der Zustimmung beider Häuser des Parlaments erlassen würden. Die bindende Kraft der Parlamentsgesetze resultiere daraus, daß sie getragen seien sowohl von der königlichen Prärogative, wie auch vom Recht der Peers und Lords, sich und ihre Nachfolger zu binden, wie auch von der delegierten Macht, die den Commons als Repräsentanten des ganzen Volkes zukomme. Mit Ausnahme des Royal Assent entbehrten die Canons all dieser Voraussetzungen.[189]

Als weitere Begründung führte Lord Hardwicke an, daß sich nach der englischen Verfassung der Umfang des Rechtes, Steuern zu erheben, mit dem Ausmaß des Rechtes, neue Gesetze zu erlassen, decke. Wenn nun der Klerus in den Convocations den Laien schon keinen Farthing[190] an Steuern auferlegen könne, dann wäre es nahezu absurd, hätte der Klerus das Recht, neue Gesetze mit Exkommunikationsandrohungen für Laien zu erlassen. Eine Exkommunikation würde zum Verlust des Klage- und Verfügungsrechts über den Besitz führen und somit in hohem Maß Auswirkungen auf das Vermögen der Laien haben. Anerkanntermaßen dürfe aber der Klerus durch seine synodalen Akte das Vermögen der Laien nicht belasten.[191]

Damit trat zu den bereits erwähnten Nachteilen der Canons von 1603 eine weitere Unzulänglichkeit hinzu: prima facie waren sie für Laien unverbindlich. Welche Bestimmungen auf Grund von "ancient allowance" auch für Laien verbindlich sein sollten, war für keinen ohne weiteres einsichtig und wurde nie offiziell ermittelt.

Wie sich bei der jüngsten Revision des Canon Law zeigte, spielt die Bindung eines Laien durch einen Canon kraft "ancient allowance" in der heutigen Praxis keine Rolle mehr.[192]

---

188 "... the canons of 1603, not having been confirmed by parliament, do not proprio vigore bind the laity; I say, proprio vigore, by their own force and authority; for there are many provisions contained in these canons which are declaratory of the ancient usage and law of the Church of England, received and allowed here, which in respect, and by virtue of such ancient allowance, will bind the laity ..." (S. 653).

189 a.a.O. S. 654.

190 1 Farthing = 1/4 Penny (seit 1.1.1961 abgeschafft).

191 a.a.O. S. 656–7.

192 vgl. dazu unten zu Canon 9.

2. Verbindlichkeit für den Klerus

Bei der Frage der Verbindlichkeit des Canon Law für die Geistlichen ist zu unterscheiden zwischen "spiritual matters" und "temporal possessions". Im Fall Matthew v. Burdett war entschieden worden:

> "... his (Anm.: the king's) consent to a canon *in re ecclesiastica*, makes a law to bind the clergy, but not to bind the laity".[193]

In "temporal possessions" wird der Klerus durch einen Canon grundsätzlich nicht gebunden, es sei denn, der Canon ist lediglich eine deklaratorische Wiedergabe des alten Rechts.[194]

IV. Auswirkung der kirchlichen Gesetzgebung des Parlaments auf das Canon Law

1. Ausmaß der kirchlichen Gesetzgebung des Parlaments

Infolge des Niedergangs der Convocations war die Kirche 135 Jahre lang der Möglichkeit beraubt, neues Canon Law zu erlassen.[195] Dieses Schweigen der Convocations bedeutete aber nicht, daß während dieses ganzen Zeitraums kein neues Kirchenrecht entstanden wäre. Denn das gesetzgeberische Vakuum der Convocations wurde ausgefüllt durch die kirchliche Gesetzgebung des Parlaments.

Dies war für die englische Kirche kein neuer, ungewohnter Vorgang. Seit der Reformation waren nicht nur rechtliche Fragen, sondern auch die Lehre der Kirche durch Acts of Parliament bindend festgelegt worden.[196, 197]

Eine besonders starke Aktivität entfaltete das Parlament im 19. Jahrhundert.[198]

---

193 2 Salk. S. 673.

194 Bishop of Exeter v. Marshall, L.R. 3, H.L. 17, S. 54.
Vgl. zum ganzen: Canon Law (13) S. 77–8.

195 Von 1717–1852, läßt man die gescheiterte Episode von 1741/42 außer Betracht.

196 Von den zahlreichen Gesetzen dieser Zeit seien etwa genannt: der bereits bekannte Submission of the Clergy Act (25 Hen. VIII c. 19), der Six Articles Act von 1536 (31 Hen. VIII c. 14), der sich u.a. mit der Transsubstantiationslehre befaßte, oder die verschiedenen Acts of Uniformity, die eine bestimmte Form des Gottesdienstes für verbindlich erklärten.

197 Da Thema dieser Arbeit das Canon Law und nicht das Ecclesiastical Law der Kirche von England ist, dem allein die Statuts terminologisch unterzuordnen sind, wird die Entstehung dieses parlamentarischen Gesetzgebungsrechts in kirchlichen Dingen nicht behandelt. Damit befaßt sich Wahl (90) S. 60–74.

198 Die folgende Aufzählung hat nur beispielhaften Charakter; erschöpfend kann sie von vornherein nicht sein, da allein in den 50 Jahren zwischen 1820 und 1870 im Durchschnitt bis zu 25 kirchliche Statuts jährlich erlassen wurden. Vgl. Blunt (5) S. 24, Fußnote.

Es schränkte die Zuständigkeit der kirchlichen Gerichte gewaltig ein: 1827 wurde das "benefit of clergy" endgültig abgeschafft[199], 1855 wurde den kirchlichen Gerichten die Verleumdungsklagen entzogen[200], 1857 die Zuständigkeit zur Testamentsbestätigung und die Ehegerichtsbarkeit[201].

Church Discipline Acts von 1840[202] und 1892[203] setzten das bei Moralverstößen des Klerus[204] anzuwendende Verfahren vor den kirchlichen Gerichten fest. Über Fragen der Ämterhäufung entschied der Pluralities Act von 1838[205]. Oft war das Patronatsrecht Gegenstand parlamentarischer Gesetzgebung.[206]

Diese wenigen Beispiele mögen zur Skizzierung der Aktivität des Parlaments auf dem Gebiet kirchlicher Gesetzgebung genügen. Nach E.W. Kemp hat die Gesetzgebung des Parlaments in den 40 Jahren zwischen 1820 und 1860 im Hinblick auf die Institutionen der Kirche (nicht der Lehre) eine mindestens ebensogroße Revolution bewirkt, wie die entsprechenden Jahre im 16. Jahrhundert.[207] Dabei muß festgehalten werden, daß diese Acts of Parliament vielfach auf ausdrücklichen Wunsch der Kirche erlassen wurden.[208]

2. Verhältnis Statute Law – Canon Law

Fragt man nach den Folgen, die sich aus dem Erlaß eines parlamentarischen Statutes mit kirchenrechtlichem Bezug für das Canon Law ergeben, so ist zunächst das Kräfteverhältnis zwischen beiden Arten von Gesetzgebung zu klären. Es sind zwei Fälle zu unterscheiden:

a) Das Statute Law ist Canon-Law-konform.

Unproblematisch ist es, wenn sich ein Statute inhaltlich mit einer Regelung des Canon Law deckt. In einem solchen Fall wird das Canon Law verstärkt. Zweifel etwa, ob vorreformatorisches Canon Law auf der vagen Basis des Gewohnheits-

---

199 7 & 8 Geo. IV c. 28.

200 18 & 19 Vict. c. 41.

201 20 & 21 Vict. c. 77, bzw. 20 & 21 Vict. c. 85.

202 3 & 4 Vict. c. 86.

203 55 & 56 Vict. c. 32.

204 Die Macht der kirchlichen Gerichte, Moralverstöße der Laien zu ahnden, ist inzwischen obsolet geworden. "A recurrence to the punishment of the laity for the good for their souls by ecclesiastical courts would not be in harmony with modern ideas, or the position which ecclesiastical authority now occupies in the country." – Phillimore v. Machen (1876), I P.D. 481.

205 1 & 2 Vict. c. 106.

206 Vgl. etwa 61 & 62 Vict. c. 48.

207 Kemp (61) S. 75.

208 Vgl. Mortimer (74) S. 63.

rechts weiterbestanden hat, werden hinfällig durch die Aufnahme dieser Bestimmung in das Statute Law. Eine Abänderung durch gegenteiliges Gewohnheitsrecht ist für die Zukunft nicht mehr möglich.

b) Das Statute Law weicht vom Canon Law ab.

Schwieriger zu beantworten ist die Frage, inwieweit das Canon Law von Statutes berührt wird, die inhaltlich vom tradierten Canon Law abweichen.

Zu einem Konflikt zwischen Canon Law und Statute Law kommt es dabei nicht, und auch die Frage der Bestandskraft des Canon Law stellt sich nicht, wenn die Kirche von sich aus das Canon Law dem neuen Statute anpaßt. Wie aber, wenn die Kirche die parlamentarische Regelung ablehnt, wenn sie als Recht der Kirche weiterhin die Regelung betrachten möchte, die bisher das Canon Law bot? Wird in einem solchen Fall das Canon Law durch das Statute automatisch aufgehoben oder vermag es in inhaltlicher Abweichung vom Statute als Recht der Kirche weiterbestehen?

In seiner ganzen Schärfe stellte sich das Problem 1857 anläßlich des Matrimonial Causes Acts.[209]

Durch dieses Gesetz wurde den kirchlichen Gerichten ihre bis dahin ausschließliche Ehegerichtsbarkeit entzogen und neu errichteten weltlichen Gerichten zugewiesen. Gleichzeitig eröffnete dieses Gesetz erstmals[210] die Möglichkeit, bei Ehebruch des Partners eine Scheidung „a vinculo" zu begehren. Für beide Partner, also auch den schuldigen Teil, wurde es als rechtmäßig erklärt, nach einer solchen Scheidung wieder zu heiraten, als wäre die frühere Ehe durch den Tod aufgelöst worden.[211]

Damit stand dieses Statute in offenem Gegensatz zum bisherigen Canon Law, das keine Scheidung „a vinculo" kannte. Die Canons 105–107 von 1603 erlaubten neben Nichtigkeitsurteilen nur noch die Aufhebung der ehelichen Lebensgemeinschaft (divorce „a mensa et thoro").[212, 213]

---

209 20 & 21 Vict. c. 85.

210 Eine Ausnahme ist zu vermerken: seit 1670 wurden vereinzelte Ehen auch durch spezielle Gesetzgebung des Parlaments, durch einen "private Act of Parliament" geschieden. Die hohen Kosten dieses Verfahrens machten es für den Durchschnittsbürger unerschwinglich. Vgl. Winnett (96) S. 134.

211 Vgl. Section 27. Interessanterweise genügte dabei für eine erfolgreiche Scheidungsklage des Mannes schon ein „einfacher" Ehebruch der Frau. Die Frau selbst konnte sich nur scheiden lassen, wenn der Ehebruch des Mannes durch besondere Umstände qualifiziert war, wie Blutschande, Vergewaltigung u.ä.

212 Dies wird eindeutig klar, wenn man die etwas mißverständliche Fassung der Canons von 1603 mit der lateinischen Version vergleicht. Vgl. Dibdin-Healey (32) S. 69–75. R. Haw untermauert diese Feststellung durch Belege aus den Werken von Gibson, Burn und Ayliffe, vgl. Haw (50) S. 94–9.

Die Einstellung der Bischöfe und Geistlichen zur Frage der Eheauflösung war geteilt, ihr Widerstand richtete sich in erster Linie gegen eine Wiederheirat des schuldigen Teils.[214]

Das Lower House der wiederbelebten Convocation von Canterbury verabschiedete im Februar 1859 folgende Erklärung (articulus cleri):

> "This house is of opinion that since this act is felt by a very large number of the clergy materially to have changed the law of the Church, and to press hardly upon them, it ought to be amended. The house also, fully recognising the supreme power of the Imperial Parliament to legislate for all estates of men within this realm, are of opinion that when changes in the law are proposed, which would affect the doctrines of the Articles of the Church, or the duties required of the clergy[215], it is desirable that the advice of the clergy should be sought before the enactment of such changes."[216]

Ein erfolgloser Änderungsvorschlag zu diesem articulus cleri wollte die Worte "materially to have changed the law of the Church" ersetzt wissen durch: "to have placed the law of the Church at variance with the law of the State".[217] Die grundlegend verschiedene Auffassung, die sich in diesem Änderungsvorschlag artikulierte, führte zu einer lebhaften Diskussion darüber, ob ein Statute des Parlaments das Canon Law aufheben könne.

Diese und spätere Diskussionen in den Convocations machten deutlich, daß in keiner Weise klare Vorstellungen über das Verhältnis von Statute und Canon Law bestanden. Sie zeigten auch, daß an Stelle eines Arguments häufig eine „petitio principii" herhalten mußte.

So hieß es, das Parlament habe verfassungsmäßig kein Recht, ohne Zustimmung der Geistlichkeit das Recht der Kirche in geistlichen Angelegenheiten zu ändern.[218] Das Parlament sei die Legislative für die ganze Nation, wurde entgegnet, und habe daher nicht nur die Interessen und die Lehre der Kirche von England zu berücksichtigen, sondern die Wünsche aller Parteien und Glaubens-

---

213 In den Scheidungen durch private Acts of Parliament glaubte die Kirche keine Durchbrechung, sondern sogar eine Bestätigung des Canon Law erblicken zu können: sie sah in ihnen Indemnitätsgesetze. Ihre Notwendigkeit sei der beste Beweis gewesen, daß eine Scheidung "a vinculo" verboten war. Vgl. Report des "Committee on Marriage Laws", abgedruckt unter Nr. 309 im Anhang zu C.C.C. 1869, S. 3.

214 Vgl. Putting Asunder (82) S. 85.

215 Die Pflicht des Klerus, die wohl Anlaß zu diesem Satz war, war niedergelegt in den Sections 57 und 58 des Gesetzes. Section 57 erlaubte es dem Geistlichen zwar, die kirchliche Trauung des schuldigen Teils zu verweigern, gleichzeitig war er jedoch durch Section 58 verpflichtet, jedem anderen Geistlichen der Diözese, der zur Vornahme der Trauung bereit war, die Pfarrkirche zur Verfügung zu stellen.

216 Siehe C.C.C. February 1859 S. 40.

217 Siehe C.C.C. February 1859 S. 41.

218 F.C. Massingberd in: C.C.C. February 1859, S. 42.

gemeinschaften. Man fordere daher zuviel, wenn man vom Parlament verlange, es solle erst den Rat der Convocations suchen, ehe es Gesetze erlasse.[219]

Man könne, so lautete ein weiteres Gegenargument, in einem Staat nicht zwei koordinierte, höchstens Autoritäten haben. Das Parlament habe, ob de facto oder de jure, jedenfalls die Macht, jedes Gesetz zu ändern, sei es ein weltliches oder kirchliches. Wenn ein Canon umgestoßen werde durch einen Act of Parliament, dann verliere dieser Canon seine Rechtsqualität, weil die Kirche an das Recht des Landes gebunden sei.[220]

Er verstehe nicht, wie ein Act of Parliament das Recht der Kirche aufheben könne, das sie im Gewissen binde, erklärte Archdeacon Thorp. Es bestünden dann eben zwei verschiedene Gesetze.[221]

Kategorisch, aber in sich schlüssig, behauptete J.H. Randolph: „Ein Act of Parliament hebt einen Canon nur auf, wenn dies ausdrücklich erwähnt wird; der fragliche Canon ist aber in dem Gesetz nicht erwähnt, folglich ist er auch nicht aufgehoben."[222]

1896 beantragte der Bischof von Reading (Dr. Randall) im Lower House von Canterbury die Annahme folgender Entschließung:

> "That in the opinion of this House the law of the Church has not been changed by the action of the State in passing the Divorce Act of 1857, but remains in force as before."

Wiederum mit der Begründung, daß die Kirche dieser Rechtsänderung nicht zugestimmt habe.[223]

Hier hakte der Dean von St. Asaph ein. Man könne doch nicht behaupten, sagte er, daß die staatliche Gesetzgebung die Kirche nur dann berühre, wenn sie von der Zustimmung der Convocations getragen sei. Der Pluralities Act von 1848 beispielsweise habe die Canons stark abgeändert, und keiner wünsche, daß dieses Gesetz nicht als Recht der Kirche betrachtet werde, weil es ohne Zustimmung der Convocation erlassen worden sei, die damals noch gar nicht wieder tagte. In all den Fällen, in denen der Staat die kirchliche Gerichtsbarkeit aufgehoben habe, seien die Canons hinfällig geworden, die das Verfahren vor den kirchlichen Gerichten geregelt hatten. Warum sollten die Ehe-Canons jetzt plötzlich nicht geändert worden sein?[224]

---

219 Dean of Ely (Dr. Goodwin) in: C.C.C. Febr. 1859, S. 47–8, desgl. der Bischof v. London (Dr. Tait) in: C.C.C. February 1859, S. 34.

220 Archdeacon Randall in: C.C.C. Febr. 1859, S. 46.

221 In: C.C.C. February 1859, S. 49.

222 In: C.C.C. February 1859, S. 51.

223 C.C.C. July 1896, S. 282–3. Daß der Bischof im Lower House tätig wurde, erklärt sich aus seiner Eigenschaft als Vorsitzender eines Kommittees des Lower House. Vgl. Winnett (96) S. 182.

224 C.C.C. July 1896, 283–4. Im selben Sinn äußerte sich Archdeacon Sandford, C.C.C. July 1896, S. 286.

Ein bedeutsames amendment wurde vom Bischof von Coventry vorgeschlagen:

> "That in the opinion of this House the Divorce Act of 1857 does not make any marriage lawful *in foro conscientiae* for Churchmen which was not thus lawful for them before."[225]

Dieser Vorschlag wurde indes ohne sachliche Diskussion abgelehnt, und der Resolutionsentwurf des Bischofs von Reading angenommen.

Im Sinne dieser Resolution entschied auch das Committee des Lower House im nächsten Jahr: Das Recht der Kirche sei durch den Divorce Act von 1857 nicht aufgehoben noch in irgendeiner Weise geändert worden. Denn dieses Gesetz sei den Convocations nie zur Billigung vorgelegt worden; noch seien die Convocations eingeladen worden, das Recht der Kirche dem des Staates anzupassen. Auch von sich aus hätten die Convocations das Recht der Kirche dieser Gesetzgebung nie angepaßt.[226]

Nach fast jahrhundertelanger Unsicherheit schien die erzbischöfliche Canon Law Kommission in ihrem Report von 1947 eine patente Lösung des Problems zu bieten.

Die Mitglieder dieser Kommission sehen das Verhältnis zwischen Canon Law und Statute Law folgendermaßen: Ergehe ein Statute, das in inhaltlichem Widerspruch zu einem Canon stehe, so sei der unmittelbare Effekt der, daß zwei verschiedene Gesetze dieselbe Materie regeln – der Canon und das Statute. Wenn das Statute akzeptiert und von den kirchlichen Autoritäten angewandt werde, so entstehe ein gegenteiliges Gewohnheitsrecht, welches das alte Canon Law aufhebe und das Statute an seine Stelle setze. Der größte Teil, wenn auch nicht die gesamte parlamentarische Gesetzgebung des 19. Jahrhunderts, sei auf diese Weise akzeptiert worden und das Canon Law folglich abgeändert worden. Aber dieses Ergebnis werde nicht zustandegebracht durch die Statuts, proprio vigore, sondern durch ihre Annahme durch die Kirche und die anschließende Begründung eines Gewohnheitsrechts. Wo hingegen Statuts nicht akzeptiert würden, da bleibe das Canon Law bestehen und ein Mitglied der Kirche sei zwei Gesetzen unterworfen.[227]

---

225 C.C.C. July 1896, S. 290.

226 Siehe Report Nr. 309 des "Committee on Marriage Laws", abgedruckt im Anhang zu C.C.C. May 1897, S. 2 unter 5).

227 "It is otherwise where the Canon Law is substantially modified or even negatived by a statute. The immediate effect of such legislation is to create two different laws on the same subject – the canon and the statute. If the statute is accepted and acted upon by ecclesiastical authorities – whether expressly or tacitly – a contrary custom is established which overthrows the old Canon Law and substituts the statute in its place; . . . In this way the Canon Law became altered in England. Most, though not all, of the nineteenth-century parliamentary legislation has been thus accepted, and the Canon Law consequently modified. But this result is not brought about by the statutes, proprio vigore, but by their acceptance by the Church and consequent

Ehe diese Ansicht auf ihre Haltbarkeit hin überprüft werden kann, muß erst ihr Aussagegehalt näher ermittelt werden. Denn wenn es im Report von 1947 heißt, das Canon Law bleibe bestehen, wenn ein Statute von der Kirche nicht akzeptiert werde, so kann damit zweierlei gemeint sein:

a) Das Canon Law bleibt völlig unverändert als bindendes, notfalls erzwingbares Recht bestehen.
b) Das Canon Law verliert zwar seine rechtliche Erzwingbarkeit, es bindet die Geistlichen aber nach wie vor im Gewissen, weil die Ansicht der Kirche über das, was „Recht“ ist im Sinne von „richtig“, durch das Statute unberührt bleibt.

Der Report äußert sich dazu nicht unmittelbar. Aufschlußreich ist jedoch der im Report vorgeschlagene Entwurf zu Canon 9. Aus ihm geht klar hervor, daß die Kommission unter Canon Law bindendes, durchsetzbares Recht verstand.[228] An anderer Stelle rechtfertigt der Report das Fehlen von Ermahnungen und Empfehlungen in den vorgeschlagenen Canons damit, daß solche Empfehlungen zwar wünschenswert seien, aber nicht in ein Gesetzbuch gehörten.

> „Denn ein Gesetz ermahnt nicht, empfiehlt nicht, lenkt den Blick nicht auf ein Ideal oder enthält vage Richtlinien. Ein Gesetz befiehlt oder verbietet etwas zu tun und enthält Sanktionen für den Fall des Ungehorsams.“[229]

Angesichts dieser Aussagen läßt sich aus dem Schweigen des Reports nur der Schluß ziehen, daß nach Ansicht der Kommission das Canon Law als bindendes Recht weiterbestehen soll, wenn ein entgegenstehendes Statute nicht akzeptiert wird (Alternative a).

Kann dieser Auffassung gefolgt werden?

Es liegt nahe, ihre Haltbarkeit zunächst am Submission Act zu messen. Section 3 steht nicht entgegen, wenn sie so interpretiert wird, daß sie nur für zukünftig zu erlassende Canons das Erfordernis der Konformität mit dem Statute Law aufstellt. Denn hier wird ja kein neuer Canon erlassen, sondern ein neues Statute, und die Frage ist, ob der alte Canon weitergelten kann.[230]

---

establishment as custom. But where the statutes are not accepted, the Canon Law remains and the Churchman is subject to two laws.”
Vgl. Canon Law (13) S. 66.

228 Vgl. Canon 9 (2): “Any infraction of, or neglect to observe, such Canon Law, which may be admitted or proved . . . shall be deemed to be an ecclesiastical offence and shall be cognizable as such in the courts of the Church of England only, and may there according to the gravity thereof and the circumstances of the case, be restrained or punished by penalties as follows: . . .”

229 Vgl. Canon Law (13) S. 88.

230 Gegen jeden Zweifel erhaben scheint mir diese Interpretation der Section 3 freilich nicht zu sein. Es kann zumindest die Frage gestellt werden, ob mit “no canons . . . shall be put in execution” nicht auch die Beibehaltung eines Canons erfaßt wird. Ein durchschlagendes Gegenargument liefert dieses Bedenken jedoch noch nicht.

Nicht zu vereinbaren ist die Ansicht der Kommission hingegen mit dem Gesetz 25 Hen. VIII c. 21. Wie die Kommission selbst auf S. 46–7 ihres Reports schreibt, gelte infolgedessen das vorreformatorische Canon law nur als Gewohnheitsrecht des Landes weiter.[231] Auf S. 65 erklärt der Report, Gewohnheitsrecht dürfe nicht im Gegensatz zu einem Statute stehen. Nur eine Seite später aber behauptet die Kommission, daß Canon Law trotz eines gegenteiligen Statuts weiterbestehen könne. Für das gesamte vorreformatorische Canon Law[232] widerlegt damit der Report sich selbst.

Das entscheidende Argument gegen ein rechtlich bindendes Weiterbestehen des Canon Law resultiert daraus: nachdem das Parlament als Gesetzgeber in kirchlichen Angelegenheiten aufgetreten war, erkannten die kirchlichen Gerichte diese parlamentarischen Statutes als *Recht der Kirche* an. So entschied Sir John Nicholl im Jahre 1809 ohne jede Einschränkung:

> "The law of the Church of England, and its history, are to be deduced from the ancient general Canon Law – from the particular constitutions made in this country to regulate the English Church – from our own Canons – from the Rubric, and *from any acts of Parliament* that may have passed upon the subject."[233]

Da nun Statute Law und inhaltlich verschiedenes Canon Law nicht gleichzeitig als bindendes Recht der Kirche apostrophiert werden können, ist es unmöglich, daß im Fall eines nicht akzeptierten Statutes „das Canon Law bestehen bleibt und ein Kirchenmitglied zwei Gesetzen unterworfen ist".[234]

Zum selben Ergebnis gelangt man, wenn man das Problem von einem anderen Ausgangspunkt her angeht. Wenn einerseits erklärt wird, das Canon Law sei "Law of the Land", dann ergibt sich aus der notwendigen Einheitlichkeit des Landesrechts, daß nicht zwei entgegengesetzte Gesetze weitergelten können.

Das Problem reduziert sich daher auf die Frage: welches Landesrecht ist stärker, ein Act of Parliament oder ein Canon? Angesichts der anerkannten Souveränität des englischen Parlaments liegt es auf der Hand, daß diese Frage nur rhetorisch sein kann. Völlig zu Recht hatte Burn geschrieben:

> "The Statute Law is made by the king, the lords spiritual and temporal, and commons in parliament assembled; that is, by the united suffrages of the whole kingdom, either in person or by representative. And this is that which gives unto acts of parliament their strength and superiority above all other laws in this kingdom whatsoever; by virtue whereof they control, alter, mitigate, repeal, revive, explain, amend, both the common, *canon*, and civil laws, and actually have done so in abundance of instances."[235]

231 Richtigerweise läßt sich das nur vom vorreformatorischen Ius Commune behaupten. Vgl. oben S. 31–2.

232 Vgl. Fußnote 231.

233 Kemp v. Wickes, Phillim., vol. III, S. 276.

234 So: Canon Law (13) S. 66; vgl. oben Fußn. 227.

235 Burn (11) S. XXXIV; Hervorhebung durch mich.

Im Falle anderer Religionsgemeinschaften in England ist es durchaus möglich, daß eine kirchenrechtliche Regelung in inhaltlicher Abweichung von einem Statute als bindendes Recht weitergilt. Ein römisch-katholischer Priester kann ohne weiteres innerkirchlich zur Rechenschaft gezogen werden, falls er etwa geschiedene Personen kirchlich trauen würde. Denn das Recht der katholischen Kirche steht nicht im englischen Statute-Book, sondern nur im Codex Iuris Canonici. Umgekehrt ist der Codex Iuris Canonici nicht Teil des englischen Landesrechts, wie es das Canon Law der Kirche von England ist.

Zur Bekräftigung ihrer These trug die Canon Law Kommission vor, der Matrimonial Causes Act von 1937 habe die Existenz eines vom Statute Law verschiedenen Canon Law implizit anerkannt.[236] Diese Behauptung soll jedoch erst unten im sachlichen Zusammenhang mit Canon 38 (1) widerlegt werden.

Als weiteren Beweis für die Richtigkeit ihrer Ansicht führte die Kommission die Änderung von Canon 62 ins Feld. Als das Parlament die Tageszeiten ausdehnte, während derer Canon 62 von 1603 die kirchliche Trauung gestattet hatte, hätten die Convocations es für notwendig erachtet, den Canon zu ändern. Dies zeige, daß ein Statute einen Canon nicht automatisch aufhebe.[237]

Dieses Argument verfängt jedoch ebenfalls nicht. Denn ein etwaiges Motiv der Convocations, *dadurch* das Canon Law zu ändern, schließt nicht aus, daß der entsprechende Canon bereits durch den Erlaß des Statutes geändert wurde. Die Änderung durch die Convocations konnte ebensogut die nachvollzogene Anpassung des Wortlauts an die seit Erlaß des Statutes geänderte materielle Rechtslage sein. Im übrigen geht aus den Debatten um die Änderung des Canon 62 in keiner Weise hervor, daß die Änderung erfolgte, um dem Statute Law Wirksamkeit zu verschaffen.[238]

Die Auffassung des Reports über das Verhältnis zwischen Statute und Canon Law hat in den Convocations Anklang gefunden. Nach Erzbischof Fisher von Canterbury ist dabei grundsätzlich davon auszugehen, daß ein Act of Parliament von den Convocations akzeptiert wird und daher Gehorsam verdient. Nur wenn die Convocation aktiv ihren Widerstand gegen das Gesetz zum Ausdruck bringe, sei das anders.[239]

Die Ansicht der Canon Law Kommission wäre nur haltbar, wenn sich ihre Aussage darauf beschränkte, daß ein nicht akzeptiertes Statute die "spiritual authority" eines entgegenstehenden Canons unberührt läßt. Diese spiritual authority ist jedoch nicht die rechtliche Verbindlichkeit, die der Report als notwendige Eigenschaft des Canon Law bezeichnet hat. Daher ist die Ansicht des Reports abzulehnen.

---

236 Canon Law (13) S. 66–7.

237 Vgl. Canon Law (13) S. 67, Fußnote 1.

238 Vgl. C.C.C. February 1887, S. 89–95; July 1897, S. 221–2.

239 Vgl. C.C.C. January 1948, S. 13.

3. Auswirkungen der parlamentarischen Gesetzgebung auf das Canon Law

Nachdem das Kräfteverhältnis zwischen Canon Law und Statute Law ohne Einschränkung zugunsten des letzteren entschieden wurde, kann festgestellt werden, daß mit jedem Statute inhaltlich widersprechendes Canon Law seine Rechtswirksamkeit verlor. Und dies, ohne daß das Gesetzbuch der Canons von 1603 entsprechend geändert werden konnte, solange die Convocations nur ein Schattendasein führten. Dadurch wurde notgedrungen die praktische Brauchbarkeit des Buches von 1603 stark beeinträchtigt, und es liegt auf der Hand, daß auch die Autorität der nicht aufgehobenen Canons darunter leiden mußte.

Der gravierendste Effekt der Gesetzgebung durch das Parlament erwuchs jedoch aus Section 3 des Submission Act's. Gleichgültig, ob ein Statute einen Canon aufhob oder lediglich bekräftigte, die im Statute geregelte Materie war einer Abänderung durch künftiges Canon Law endgültig entzogen. Mit jedem Statute wurde damit das Feld eingeengt, das künftigen Convocations zu einer Gesetzgebung durch Canon Law noch verblieb.

VI. Vergebliche Revisionsversuche in den wiederbelebten Convocations

1. Revision einzelner Canons

Männern wie dem Bankier Henry Hoare, dem späteren Premierminister Gladstone und Bischof Wilberforce von Oxford war es zu verdanken, daß in der Mitte des 19. Jahrhunderts die Convocations zu neuem Leben erweckt wurden.[240]

Im Februar 1861 erhielt die Convocation von Canterbury zum ersten Mal seit der Wiederbelebung der Convocations die Royal Licence zum Erlaß eines Canons. Sie betraf die Änderung des Canon 29 von 1603. Beide Häuser stimmten einer neuen Fassung zu und legten sie der Krone zur Erteilung des Royal Assent vor. Als nach vier Jahren immer noch keine Bestätigung durch die Krone vorlag, richtete die Convocation im Februar 1865 eine unterwürfige Bitte an die Krone, den Royal Assent zu erteilen.[241] Daraufhin antwortete der damalige Innenminister, Sir George Grey, daß die Regierung den Canon der Krone nicht zur Bestätigung vorgelegt habe, da er teilweise unklar gefaßt sei. Der Erzbischof möge diesen Mangel durch die Convocation erst beheben lassen.[242] Die Convocation änderte daraufhin den Canon erneut und erbat von neuem den Royal Assent. Dieser wurde jedoch nie erteilt.

Schon beim ersten Gesetzgebungsversuch mußte die Convocation somit die

---

240 Auf eine ausführliche Wiedergabe dieses Vorgangs wird verzichtet. Eingehend dazu: Kemp (60) S. 172–89; Chadwick (18) S. 309–24; Wahl (90) S. 110–13.

241 C.C.C. February 1865 S. 1847–8, 1875.

242 Schreiben vom 20. März 1865, in C.C.C. June 1865, S. 2411.

bittere Erfahrung machen, daß die Erlangung des Royal Assent keine bloße Förmlichkeit sein sollte, wie es die Bestätigung der Parlamentsgesetze bereits war. Dies mag erklären, wie E.W. Kemp vermutet, weshalb Erzbischof Tait Parlamentsgesetze einer Gesetzgebung durch Canons vorzog.[243] Die bereits kennengelernten Folgen parlamentarischer Gesetzgebung für die rechtliche Selbstbestimmung der Kirche traten damit auch nach der Wiederbelebung der Convocations noch ein: mit jedem neuen Statute verlor die Kirche die Kontrolle über die darin geregelte Materie.

Spärlich ist das Ausmaß, in dem die Convocations einzelne Canons von 1603 abänderten oder neue Canons erließen. 1865 wurden die Canons 36, 37, 38 und 40 geändert, gut zwanzig Jahre später die Canons 62 und 102 (1887). Die neuen Canons 142, 143 und 144 wurden 1892, 1921 (verbessert 1936) und 1948 hinzugefügt.

Diese singulären Canons waren bei weitem nicht ausreichend, um das größtenteils obsolete Gesetzbuch von 1603 wirkungsvoll zu kurieren.

2. Gescheiterte Gesamtrevisionen

Angesichts der vielfachen Unzulänglichkeiten der Canons von 1603 erkannten die Convocations schon früh, daß die Revision einzelner Canons nicht ausreichend war.[244] Auf Antrag des Lower House von Canterbury wurde deshalb 1866 ein Kommittee eingesetzt, das sich mit einer Revision der gesamten Canons von 1603 auseinandersetzen sollte.[245]

Nachdem dieses Revisionskommittee durch Repräsentanten der Yorker Convocation verstärkt worden war, legte es 1874 einen Entwurf von 89 Canons vor.[246] In der extrem kurzen Debatte, die dieser Report im Upper House von Canterbury fand, erklärte der Bischof von Gloucester und Bristol, dieses Thema sei zu umfangreich, als daß man es ohne sorgfältige Erwägung in Angriff nehmen könne.[247] Einer Anregung des Kommittees folgend wurden die vorgeschlagenen Canons zur weiteren Diskussion in großer Zahl (etwa 12.000 Exemplare) in die Provinz verschickt.[248]

Das Ergebnis dieser Diskussion schlug sich in den 94 Canons nieder, die 1879 vorgelegt wurden. Diesmal erklärte der Prolocutor des Lower House of Canter-

---

243 Kemp (60) S. 191.

244 Vgl. C.C.C. May 1866, S. 379.

245 Vgl. C.C.C. Febr. 1866, S. 28; May 1866, 353–8; June 1866, S. 617.

246 C.C.C. July 1874, Anhang.

247 C.C.C. July 1874, S. 440; die Debatte wird in sechs Zeilen wiedergegeben.

248 Garbett ((40) S. 234) bezeichnete diesen Weg als "a method of providing a decent funeral for an inconvenient report sometimes adopted in our own day".

bury: "we are hardly in a position to take into considerations the momentous questions raised by the Report", und der Report, das Ergebnis harter, dreizehnjähriger Arbeit, versank in Vergessenheit.[249]

Der zweite Anlauf zu einer Revision des Canon Law wurde 1926 unternommen, als das Lower House von Canterbury den Erzbischof bat, "to appoint a Joint Committee of both Houses to consider the whole question of the Revision and Codification of the Canon Law".[250] „Einem solchen Committee würde zweifellos eine sehr große Aufgabe aufgeladen", entgegnete der damalige Erzbischof Davidson auf diesen Vorschlag. Es wäre nicht gut, ein Kommittee mit einer vollständigen Revision des Canon Law zu beauftragen, wenn sich dann ein solches Kommittee nicht in der Lage sähe, diese Aufgabe in einer befriedigenden Weise anzupacken.[251] Das Kommittee wurde nicht ernannt.

Erst der dritte Anlauf von 1939 führte zum Erfolg der jüngsten Revision des Canon Law.

Ehe aber darauf näher eingegangen werden kann, muß zum besseren Verständnis dieser Revision noch kurz die Schaffung der Church Assembly erwähnt werden.

VII. Gesetzgebung durch Measures der Church Assembly

Seit Ende des 19. Jahrhunderts war das Parlament so stark mit weltlicher Gesetzgebung beansprucht, daß es für die Kirche immer schwieriger wurde, durch Acts of Parliament überfällige Reformen durchzuführen.[252] Eine große Erleichterung war es daher, daß der "Enabling Act" von 1919[253] eine Gesetzgebung durch Measures der Church Assembly ermöglichte. Die Church Assembly[254] war eine Schöpfung der Convocations aus demselben Jahr. Sie bestand aus drei Häusern:

1) *House of Bishops:* Es setzte sich aus den jeweiligen Mitgliedern der Upper Houses der Convocations von Canterbury and York zusammen.
2) *House of Clergy:* Dieses war eine Zusammenfassung der Lower Houses der beiden Convocations.

---

249 Garbett (40) S. 235.

250 C.C.C. February 1926, S. 116.

251 C.C.C. July 1926, S. 178.

252 Von den 217 kirchlichen Gesetzesvorlagen, die während der Jahre 1880–1913 im Parlament eingebracht wurden, wurden nicht weniger als 183 fallengelassen, eine abgelehnt und nur 33 verabschiedet. Vgl. Church and State (24) S. 29.

253 Dies ist die gebräuchliche Kurzbezeichnung für "The Church of England Assembly (Powers) Act 1919 (9 & 10 Geo. 5 c. 76).

254 So wurde die "National Assembly of the Church of England" allgemein genannt. Zur Entstehungsgeschichte vgl. Kemp (60) 191–9; Church and State (24) S. 39–67; Church and State (25) S. 30–32.

3) *House of Laity:* Es bestand aus gewählten Laienvertretern der beiden Provinzen.[255]

Durch den Enabling Act wurde die Church Assembly mit besonderen Vollmachten im Hinblick auf die staatliche Gesetzgebung in kirchlichen Angelegenheiten ausgestattet. Sie konnte "Measures" ausarbeiten, die nach Verabschiedung durch das Parlament und nach Erlangung des Royal Assent die Kraft von Parlamentsgesetzen hatten.

Zu diesem Zweck ernannte die Church Assembly ein Legislative Committee aus Mitgliedern aller drei Häuser.[256] Eine geplante Measure wurde durch dieses Legislative Committee der Church Assembly dem Ecclesiastical Committee des Parlaments vorgelegt. Dieses überprüfte sie in einem Report auf ihre rechtlichen Auswirkungen und brachte die Measure, versehen mit diesem Report vor das Parlament. Das Parlament konnte die Measure entweder akzeptieren oder zurückweisen, aber nicht verändern.[257]

Inhaltlich konnten sich Measures auf alle Angelegenheiten erstrecken, die die Kirche von England betrafen.[258] Also auch auf Fragen der Lehre, des Gottesdienstes und der Sakramente. Diese Materien unterlagen jedoch dem besonderen Verfahren, daß sie in jedem Haus gesondert zu beraten waren und schließlich in der Form anzunehmen oder abzulehnen waren, in der sie das House of Bishops vorgeschlagen hatte. Der Church Assembly war lediglich untersagt, in bloßen „statements" die Lehre der Kirche von England in theologischen Fragen zu definieren.[259]

Der Enabling Act ließ die verfassungsmäßigen Beziehungen zwischen Kirche und Staat in der Substanz unverändert weiterbestehen. Staatliche Kirchengesetzgebung wurde nach wie vor nur vom König auf den Rat beider Häuser des Parlaments erlassen. Die Church Assembly war nur berechtigt, diese staatliche Gesetzgebung inhaltlich zu entwerfen. Die alte Macht des Parlaments, ohne Einschaltung der Church Assembly für die Kirche gesetzgebend tätig zu werden, blieb ungeschmälert bestehen.[260]

Von wenigen, aber bedeutenden Ausnahmen abgesehen verlief die kirchliche Gesetzgebung durch Measures der Church Assembly reibungslos. Seit Bestehen

---

255 Vgl. die Artikel 2–6 der "Constitution of the National Assembly of the Church of England".

256 Artikel 11 der Constitution.

257 Näher zum Verfahren: Enabling Act, Sections 3 u.4.

258 Vgl. Section 3 (6) des Enabling Acts: "A measure may relate to any matter concerning the Church of England, and may extend to the amendment or repeal in whole or in part of any Act of Parliament."

259 Vgl. Art. 14 (2) der Constitution. Dies tritt bei Kleinstück (63) S. 44 nicht klar hervor.

260 Vgl. Church and State (25) S. 34–5.

der Church Assembly scheiterten nur vier Measures am Parlament. Darunter waren jedoch die bedeutenden Prayer Book Measures von 1927 und 1928, deren Ablehnung zum großen Gebetbuchstreit führte. Man darf aber nicht vergessen, daß die Church Assembly Measures oft wieder zurückzog, wenn eine ungünstige Aufnahme durch das Parlament zu befürchten war.[261]

Durch den Enabling Act wurde die Church Assembly nur in den Prozeß staatlicher Kirchengesetzgebung eingeschaltet. Canons konnte sie nicht erlassen. Dieses Vorrecht verblieb ohne Einschränkung bei den Convocations.[262]

Der Kirche standen somit zwei Wege der Gesetzgebung offen: alles, was durch Canons der Convocations geregelt werden konnte, konnte ebensogut (mit Zustimmung des Parlaments) auch durch Measures der Church Assembly behandelt werden und damit die Kraft eines Statutes erlangen. Darüber hinaus wurden durch Measures der Church Assembly all jene Gebiete wieder einer gesetzlichen Neuregelung nach den Vorstellungen der Kirche zugänglich, die infolge des Submission of the Clergy Acts einer Änderung durch Canon Law entzogen waren, da sie bereits durch Statute Law oder weltliches Common Law geregelt waren.

Aus dem Umstand, daß es diesbezüglich bereits Regelungen des Statute oder Common Law gab, ist es zu erklären, daß sich Measures inhaltlich hauptsächlich mit den Einrichtungen der Kirche, mit Diözesen, Kathedralen, kirchlichem Besitz, kirchlichem Gerichtswesen und mit Gottesdienstfragen befassen.[263]

---

261 Vgl. Elliott-Binns (37) S. 4.

262 Vgl. Art. 15 der Constitution: "Nothing in this Constitution shall be deemed to diminish or derogate from any of the powers belonging to the Convocations of the Provinces of Canterbury and York or of any House thereof . . .".

263 Vgl. Synodical Government (88) S. 36–7.

3. TEIL: DIE REVISION DES CANON LAW

1. Kapitel: Einleitung der Revision

I. Notwendigkeit der Revision

Der Enabling Act hatte nicht nur zu einer Verkürzung des Zeitfaktors bei staatlicher Kirchengesetzgebung geführt und damit Kirchengesetze wieder praktisch erreichbar gemacht. Er hatte die Church Assembly auch in die Lage versetzt, vollen Einfluß auf den Inhalt staatlicher Kirchengesetze zu nehmen. Gleichwohl schöpfte die Kirche diese Möglichkeit nicht restlos aus, regelte nicht alle Fragen durch Measures und vergaß das Canon Law nicht. Statt dessen nahm sie eine jahrzehntelange Revision des Canon Law in Angriff.

Dahinter stand einmal die Erkenntnis, daß Statutes nicht das beste Instrument zur Leitung des kirchlichen Lebens waren, daß flexible Canons viele Gebiete des kirchlichen Lebens wesentlich angemessener zu regeln vermochten als das starre Statute Law in Form von Measures.[1]

Zum anderen wollte man wohl auch vermeiden, daß durch eine umfassende Measure-Gesetzgebung die Materie immer enger zusammenschrumpfen mußte, zu deren Regelung die Kirche vom Parlament unabhängig war.

Das Canon Law selbst war, wie schon in der Einleitung erwähnt wurde, in einem äußerst unbefriedigenden Zustand. In der Arbeit wurde aufgezeigt, von welch schwierigen Kriterien die Antwort abhing, ob vorreformatorisches Canon Law noch weitergalt. Ebenso unklar war weitgehend, ob die Canons von 1603 noch galten. Viele waren durch entgegengesetztes Statute Law überholt, eine ganze Reihe von ihnen war obsolet.[2] Ihr größter Nachteil aber bestand darin, daß sie, wie es bei einem gut dreihundert Jahre alten Gesetzbuch auch gar nicht anders zu erwarten war, keine Antworten auf Fragen boten, die im 20. Jahrhundert am dringendsten einer Regelung bedurft hätten.[3] Soweit die Canons von 1603 nicht unbekannt waren, stand man ihnen mit Gleichgültigkeit gegenüber. "We are like a club with no accepted body of rules and consequently suffer from all the evils of extrem individualism" schrieb H. Maurice Relton.[4]

---

1 Vgl. Kemp (61) S. 75, 81.

2 Wenige Kostproben mögen genügen: Geistliche und Kirchenvorsteher müssen nicht mehr jährlich Namen und Vornamen derjenigen Pfarreimitglieder dem Bischof melden, die die Osterkommunion nicht empfangen haben (Canon 112 von 1603).
Allenfalls noch Heiterkeit löst Canon 74 von 1603 aus, der bestimmte, daß keine kirchliche Person eine Kappe oder feingearbeitete Nachtmütze tragen solle, sondern nur eine einfache Nachtmütze von schwarzer Seide, Satin oder Samt . . .

3 Garbett (40) S. 237.

4 In: Bullard (9) S. 126.

Daß sie die Ordnung und den Zusammenhalt innerhalb der Kirche stärken möge, war daher die größte Erwartung, die man mit der geplanten Revision verknüpfte.[5] Sie wurde als „erster und wesentlichster Schritt im ganzen Prozeß der Kirchenreform“ bezeichnet.[6]

II. Plan der Canon Law Kommission

Schon 1937 hatte das Lower House von York den Erzbischof darum ersucht, Schritte zu einer Revision des Canon Law der Kirche von England einzuleiten. Zwei Jahre später wiederholte das Lower House von York seinen Antrag, und das Lower House von Canterbury schloß sich in einer gleichlautenden Erklärung an:

> "That this House humbly requests his Grace the President in conjunction with the President of the Convocation of Canterbury[7], to appoint a Commission to consider the whole question of the revision and the codification of Canon Law."[8]

Daraufhin beriefen die Erzbischöfe Dr. Lang und Dr. Temple noch im Sommer 1939 die "Canon Law Commission".

Von der Canon Law Kommission wurde ein Vorschlag erwartet, wie aus der Fülle des vor- und nachreformatorischen Canon Law diejenigen Bestimmungen herausgesiebt werden könnten, die allein noch wirksam seien.[9]

Die Kommission wies in ihrem Report darauf hin, daß ein solcher Aussonderungsprozeß im Detail noch nie in Angriff genommen worden sei. Die Durchführung eines solchen Vorhabens würde nicht nur eine Feststellung erfordern, welches vorreformatorische Recht zur Zeit der Reformation noch galt; es müßte weiterhin noch untersucht werden, was davon später obsolet geworden sei. Diese Aufgabe könne nur ein Expertengremium unter großem Aufwand an Zeit und Geld angehen. Selbst wenn die Kirche trotz ihrer zahlreichen anderweitigen Aufgaben das nötige Geld hierfür abzweigen könnte, würde ein solches Unterfangen den Aufwand nicht lohnen. Denn im Laufe der Rechtsentwicklung seit der Reformation sei das meiste vorreformatorische Canon Law neu formuliert worden: einmal in den Canons von 1603, dann in Statutes und Gerichtsurteilen. Als bessere Lösung empfehle es sich daher, in einem Canon festzulegen, daß das Canon Law nicht nur aus dem neuen Gesetzbuch bestehe, sondern auch aus den Bestimmungen des "General Canon Law", soweit sie zur Zeit des Submission Acts noch gültig waren und durch die neuen Canons nicht verdrängt werden.

---

5 Erzbischof Garbett von York, in: Y.J.C. Oct. 1947, S. 17.

6 Erzbischof Fisher von Canterbury, in: C.C.C. May 1947, S. 35.

7 Beziehungsweise: "of York".

8 Y.J.C. January 1939, S. 63, 69; C.C.C. May 1939, S. 488–96.

9 Vgl. A (2) der Richtlinien der Kommission, abgedruckt in: Canon Law (13) S. VIII.

Falls die Frage einmal aktuell werden sollte, ob vorreformatorisches Canon Law noch weitergelte, dann sollten die beiden Erzbischöfe darüber befinden.

Damit war im Grunde schon entschieden, daß es kein Ziel der Kommission sein konnte, den Entwurf zu einem umfassenden und in sich geschlossenen Kodex, vergleichbar dem Codex Iuris Canonici, zu schaffen. Gegen einen solchen Plan sprachen nach Ansicht der Kommission mehrere Gründe.

Einmal befinde sich die Kirche von England in einer viel schwierigeren Situation als Rom, da zu ihren Rechtsquellen nicht nur das Canon Law, sondern auch das Statute – und Common Law zähle.

Dann würde eine abschließende Kodifikation dem Geist des englischen Rechts nicht zusagen, der von einer Abneigung gegen Kodifikationen geprägt sei. Das Kirchenrechtssystem müsse das Rechtssystem des Landes berücksichtigen, in dem es wirke.

Und schließlich sei es seit der Reformation eine Tradition der Kirche von England, daß das Recht, das ihr Leben regelt, auf ein Minimum beschränkt bleiben solle.[10]

Die Kommission machte daher nicht den Versuch einer umfassenden Kodifikation. Sie beschränkte sich statt dessen darauf, das nachreformatorische Canon Law, also vornehmlich die Canons von 1603 zu revidieren und die darin geregelte Materie, soweit erforderlich, aus anderen Rechtsquellen, wie Statutes und Law Reports, zu ergänzen.

Die neuen Canons sollten das gesamte bisherige nachreformatorische Canon Law aufheben und das vorreformatorische insofern, als ihm die neuen Canons widersprachen.[11]

2. Kapitel: Die Revision

I. Das Verfahren

Die Convocations von Canterbury und York nahmen die Revision mit Elan in Angriff. Der Report war erst wenige Tage alt, da baten schon beide Convocations im Mai 1947 die Erzbischöfe um die Ernennung von "Joint Committees". Diese gemeinsamen Ausschüsse wurden aus Mitgliedern der beiden Häuser der jeweiligen Convocation gebildet. Ihre Aufgabe bestand darin, die im Canon Law Report vorgeschlagenen Canons den Convocations in der geeignetsten Reihenfolge vor-

---

10 Manche der Canons von 1603 untermauern diese These freilich nicht, wei der erwähnte Canon 74 mit seiner Nachtmützen-Regelung zeigt.

11 Vgl. zum ganzen: Canon Law (13) S. 79–85.

zulegen und einen Verfahrensvorschlag auszuarbeiten. Gleichzeitig wurden diese gemeinsamen Ausschüsse ermächtigt, sich mit dem entsprechenden Ausschuß der anderen Provinz zusammenzusetzen, um das Vorgehen der beiden Convocations zu koordinieren.[12, 13]

Es bestand von Anfang an die Absicht, die Laien der Kirche an der Revision zu beteiligen, aber dies so, daß dadurch die Kompetenz der Convocations nicht tangiert würde. Erzbischof Fisher von Canterbury machte folgenden Vorschlag: die Convocation sollte von sich aus, als "act of grace", vor der endgültigen Annahme eines Canons diesen dem House of Laity zur Begutachtung vorlegen und dessen Urteil in ihre Überlegungen einbeziehen.[14] Die denkbar sorgfältigste Prüfung der Verbesserungsvorschläge aus dem House of Laity wurde zugesichert.[15]

Mit Ausnahme des Lower House von Canterbury stimmten beide Convocations dem Rat der Steering Committees zu, Verbesserungsvorschläge, die nicht drei Wochen vor der Tagung eingesandt würden, nur mit allgemeinem Einverständnis des Hauses zu debattieren. Man wollte damit zweierlei erreichen: einmal sollten durch die Ausschlußfrist die beiden Steering Committees in die Lage versetzt werden, sich mit dem Ausschuß der anderen Provinz noch vor Beginn der Beratungen in Verbindung zu setzen, um ein divergierendes Vorgehen der beiden Convocations so weit wie möglich zu vermeiden; zum anderen schien es erstrebenswert, Verbesserungsvorschläge zu verhindern, die, geboren aus einer augenblicklichen Eingebung, in all ihren verschiedenen Auswirkungen nicht sofort erfaßt werden könnten.[16]

Die Anregung, alle Canons vor der endgültigen Abfassung dem House of Laity vorzulegen, führte zu einem Mißverständnis zwischen den beiden Convocations. York glaubte, Canterbury habe diesem Vorschlag bereits entsprochen, und beschloß daher im Oktober 1947, die Canons denjenigen Mitgliedern des House of Laity vorzulegen, die der nördlichen Provinz angehörten.[17] Canterbury hatte in Wirklichkeit noch nicht darüber entschieden und sah sich daher im Januar 1948 zu dem Entschluß genötigt, seinerseits die Canons den Mitgliedern des House of Laity vorzulegen, die aus dem Süden kamen.[18]

Im Januar 1948 umriß der Erzbischof von Canterbury das geplante Verfahren näher. Jeder Canon sollte zunächst vom Upper House diskutiert und dann mit

---

12 Vgl. C.C.C. May 1947, S. 91, 94, 138; sowie Y.J.C. May 1947, S. 36.

13 Im Hinblick auf ihre steuernde Funktion wurden die Joint Committees später meist als "Steering Committees" bezeichnet.

14 Vgl. C.C.C. May 1947, S. 37.

15 Vgl. C.C.C. January 1948, S. 30–1.

16 Vgl. C.C.C. October 1947, S. 197, 286.

17 Vgl. Y.J.C. October 1947, S. 34–6.

18 Vgl. C.C.C. January 1948, S. 179–80; sowie Y.J.C. May 1948, S. 31–2.

oder ohne Verbesserungsvorschlag dem Lower House zugeleitet werden. Falls dessen Entschließung von der des Upper House abwiche, sollte der Canon entweder ans Upper House zurückverwiesen werden oder es sollten, da es sich in diesem Stadium[19] ja nur um vorläufige Fassungen handelte, beide Formulierungen nebeneinander bestehen bleiben. Da zu diesem Zeitpunkt noch vorgesehen war, die Canons nur den House of Laity-Mitgliedern der eigenen Provinz vorzulegen, hätten aus diesem Verfahren im schlimmsten Fall sechs verschiedene Versionen eines Canons resultieren können.[20] Dieses Vorgehen hätte die Revision erheblich erschwert, da die Vorlage verschiedener Canons durch die beiden Convocations im House of Laity sicherlich große Verwirrung gestiftet hätte. Nach Aufdeckung des Mißverständnisses entschlossen sich daher im Mai 1948 beide Convocations, dem *einen* House of Laity nur gemeinsame Canon-Entwürfe vorzulegen.[21]

Die Aufgabe, aus den möglichen vier verschiedenen Versionen der Convocations eine gemeinsame zu erstellen, die dann dem House of Laity vorgelegt werden sollte, fiel den Steering Committees zu.[22] Ihre erste Bewährungsprobe in dieser Funktion bestanden sie 1950. Auf einer gemeinsamen Sitzung der beiden Steering Committees erklärte sich der Ausschuß aus York in einer Reihe von differierenden Canons bereit, der Convocation von York die südliche Version vorzuschlagen, in anderen Fällen empfahl der Ausschuß von Canterbury seiner Convocation die Fassung Yorks.[23] So wurden durch gegenseitiges Geben und Nehmen einheitliche Versionen erreicht, und im Herbst 1951 konnte daraufhin auch das House of Laity mit der Diskussion der Canons beginnen. Von den zahlreichen Verbesserungsvorschlägen, die das House of Laity an die Convocations richtete, wurden die meisten akzeptiert.[24]

Einem Vorschlag ihrer Steering Committees folgend beschlossen die Convocations 1954, daß die Revision in drei Stufen erfolgen solle:[25]

1) preliminary stage
2) formative stage
3) final stage.

---

19 Später als Stufe 1 (stage 1) bezeichnet.

20 Vgl. C.C.C. January 1948, S. 29–31.

21 Vgl. C.C.C. May 1948, S. 179–80 und Y.J.C. May 1948, S. 31–2.

22 Vgl. C.C.C. 1948, S. 180.

23 Vgl. im einzelnen: Report des Joint Committee on Canon Law, Nr. 479; abgedruckt in Y.J.C. October 1950, Appendix S. XXVIII. Ferner: C.C.C. October 1950, S. 357, 362–5.

24 Vgl. C.A. 1351/L, S. 2.

25 Der Vorschlag ist abgedruckt im Anhang zu C.C.C. May 1954 und in Y.J.C. May 1954, Appendix S. XXI–XXII.

Bisher hatte sich die ganze Tätigkeit der Convocations innerhalb der ersten Stufe abgespielt. Das Ende dieser vorläufigen Stufe war erreicht, wenn die vorläufige Fassung eines Canons das House of Laity passiert hatte.

Im zweiten Stadium der offiziellen Formulierung war es unerläßlich, daß die Convocations und das House of Laity über die Vereinbarkeit des aus Stufe 1 hervorgegangenen Canons mit dem bestehenden Statute- und Common Law genau Bescheid wußten.[26] Für jeden Canon, der in die zweite Stufe der Beratungen trat, wurde deshalb in einem beigefügten Rechtskommentar erläutert, ob staatliche Gesetzgebung erforderlich sei, ehe der Canon der Krone zur Erlangung von "Royal Licence and Assent" vorgelegt werden konnte. Wenn ja, dann wurde meist auch aufgezeigt, durch welche Änderungen oder Auslassungen im Text des eingebrachten Canons die Notwendigkeit staatlicher Gesetzgebung vermieden werden könnte. Wie in Stufe 1 wurden auch in diesem Verfahrensabschnitt die Canons dem House of Laity zur Stellungnahme vorgelegt.

In der letzten Stufe wurden lediglich die sogenannten "drafting amendments" ohne Hinzuziehung des House of Laity entschieden. Dabei handelte es sich aber nur um Änderungsvorschläge, die die äußere Form des Canons, wie Punktuation, Großbuchstaben und dergleichen betrafen. "Special amendments", die nach Ansicht des Präsidenten der Convocation einen wesentlichen Punkt betrafen, unterlagen dem ganzen Verfahren der Stufe 2 und somit auch der Anhörung durch das House of Laity.[27]

Das House of Laity war somit, allerdings nur „gnadenhalber", in allen entscheidenden Fragen in die Willensbildung mit eingeschaltet.

Um die Revision zu beschleunigen, tagten von 1960 an die beiden Convocations mehrmals zusammen.

Im April 1964 war die Revision so weit fortgeschritten, daß die Convocations die Abschnitte A, D und F[28] der Krone zur Erlangung von Royal Licence and Assent vorlegen konnten[29], im Oktober 1968 war mit der Verabschiedung der restlichen Sektionen die Revision des Canon Law abgeschlossen.[30]

---

26 Wegen Section 3 des Submission Acts.

27 Vgl. das "Memorandum on Stages 2 and 3 of the Procedure for the Revision of Canon Law", abgedruckt im Anhang zu C.C.C. May 1956 (ohne Seitenangabe) und in Y.J.C. May 1956, Appendic S. XX–XXIII.

28 Im Entwurf des Canon Law Reports von 1947 (13) waren die Canons durchlaufend numeriert gewesen. 1959 wurden die Canons in Sections eingeteilt, damit sie in Zukunft innerhalb ihres thematischen Zusammenhangs ergänzt werden konnten, ohne mit einer durchlaufenden Numerierung in Konflikt zu kommen. Vgl. Canon Law Revision (14) Preface, S. XI.

29 Vgl. C.C.C. 1964, Appendix (ohne Seitenangabe), sowie Y.J.C. April 1964, S. 13–22.

30 C.C.C. 1968, S. 125; sowie Y.J.C. October 1968, Appendix (ohne Seitenangabe).

II. Einzelheiten der Revision

1. Der Ergänzungsvorschlag zu Canon 38

Der Matrimonial Causes Act von 1937 hatte neben neuen Scheidungsgründen auch neue Nichtigkeitsgründe eingeführt. Einer davon erklärte die Ehe für vernichtbar bei „willentlicher Weigerung, die Ehe zu vollziehen".[31]

Im Januar 1950 wurde vom Upper House der Convocation von Canterbury ein Ergänzungsantrag zu Canon 38 angenommen. Mit ihm sollte eine kirchliche Trauung nach einer gemäß Section 7 I (a) des Matrimonial Causes Act von 1937 für nichtig erklärten Ehe verboten werden.[32]

Eine erzbischöfliche Kommission, der dieser Ergänzungsvorschlag zur Beratung übergeben wurde, erklärte, daß mit Ausnahme dieses Nichtigkeitsgrundes alle anderen 1937 eingeführten Nichtigkeitsgründe für die Kirche akzeptabel seien.[33] Hinsichtlich des Grundes „wilful refusal to consummate" teilte die Kommission die Ansicht des Oberhauses von Canterbury: eine bereits mit der Trauung voll gültige Ehe könne nicht infolge der späteren Verweigerung des Vollzugs als von Anfang an nichtig betrachtet werden.

Die Kommission empfahl in erster Linie die Abschaffung dieses Nichtigkeitsgrundes durch den Staat. Nur falls dies nicht in angemessener Zeit erfolgte, sollten die Convocations den Ergänzungsvorschlag zu Canon 38 in das neue Canon Law mit aufnehmen.[34]

Die staatliche Gesetzgebung folgte dem Hauptvorschlag der Kommission jedoch nicht.[35] Gleichwohl unterließen es die Convocations, den Ergänzungsvorschlag durchzusetzen. Man könnte daher versucht sein, bereits an dieser Stelle die Frage zu stellen, mit welcher Entschlossenheit sich die Kirche von den Fesseln zu befreien suchte, die ihr in Form des staatlichen Statute Law bei der Revision des Canon Law angelegt waren.

---

31 Vgl. Section 7 I (a) des Matrimonial Causes Act von 1937 (sie entspricht wörtlich der Section 8 I (a) des gleichnamigen Gesetzes von 1950):
"... a marriage shall be voidable on the ground –
a) that the marriage has not been consummated owing to the wilful refusal of the respondent to consummate the marriage ..."

32 "No person whose marriage has been declared null and void by secular authority under Section 7 I (a) of the Matrimonial Causes Act, 1937, shall be married in Church to a second partner so long as the partner to the marriage thus declared null and void is still living." Vgl. C.C.C. January 1950, S. 95.

33 Church and the Law of Nullity of Marriage (23) S. 38–9.

34 Church and the Law of Nullity of Marriage (23) S. 48. Zunächst die Streichung des Nichtigkeitsgrundes zu fordern, war naheliegend, da zur gleichen Zeit eine staatliche Eherechtskommission tagte.

35 Im Matrimonial Causes Act von 1965 blieb der Nichtigkeitsgrund erhalten. (Section 9 I (a).)

Zu diesem Zweck müßte jedoch als erstes sichergestellt sein, daß der staatliche Nichtigkeitsgrund tatsächlich als Fessel empfunden wurde, daß er m.a.W. auf allgemeine Ablehnung in der Kirche stieß. Gerade das war nicht der Fall. Ein gemeinsamer Ausschuß beider Convocations hatte sich 1935 einmütig für die Anerkennung des "wilful refusal" als Nichtigkeitsgrund ausgesprochen[36], und beide Convocations mit Ausnahme des Lower Houses von Canterbury hatten 1937/38 die neuen Nichtigkeitsgründe des Gesetzes von 1937 akzeptiert[37]. Die Meinung in der Kirche war auch während der Canon Law Revision noch geteilt.[38]

Es läßt sich daher von diesem Canon nicht behaupten, daß er nur aus Scheu vor parlamentarischen Schwierigkeiten fallen gelassen wurde.

2. Canon 38 (1)

Der Streichung des Ergänzungsvorschlags zu Canon 38 konnten keine entscheidenden Aussagen über die Standfestigkeit der Convocations gegenüber dem Parlament entnommen werden, weil die Meinung der Kirche zur Sache selbst zwiespältig war.

Ganz anders ist dies bei Canon 38 (1).

Durch den Matrimonial Causes Act von 1937[39] war dem Geistlichen der Kirche von England erstmals die volle Freiheit eingeräumt worden, nach eigenem Ermessen die kirchliche Trauung geschiedener Personen zu Lebzeiten des früheren Partners entweder vorzunehmen oder zu verweigern. Dieses Gesetz machte nämlich aus der seit 1857 staatlich eröffneten Zulässigkeit einer kirchlichen Wiederverheiratung erstmals keinerlei Verpflichtung des Geistlichen. Kein Geistlicher der Kirche von England sollte gezwungen sein, irgendeine geschiedene Person kirchlich zu trauen, also auch nicht den unschuldigen Teil, wie es der Matrimonial Causes Act von 1857 noch verlangt hatte. Ferner entfiel die Verpflichtung, die Kirche für die Vornahme einer solchen Feierlichkeit zur Verfügung zu stellen.[40, 41]

---

36 Church and Marriage (22) S. 11, 31, 38, 42.

37 Vgl. C.C.C. May 1937, S. 427–35.

38 Vgl. Bailey (2).

39 1 Edw. 8 & 1 Geo. 6 c. 57.

40 Vgl. Section 12: "No clergyman of the Church of England or of the Church of Wales shall be compelled to solemnize the marriage of any person whose former marriage has been dissolved on any ground and whose former husband or wife is still living or to permit the marriage of any such person to be solemnized in the Church or Chapel of which he is minister."

41 In Section 13 (2) des Matrimonial Causes Act von 1950 (14 Geo. 6 c. 25) war diese Freiheit nochmals bestätigt worden.

Im Juni 1938 verabschiedeten daraufhin beide Convocations nahezu gleichlautende Resolutionen. Sie betonten darin die Unauflöslichkeit der Ehe (Nr. 1) und erklärten, daß deshalb eine Wiederheirat geschiedener Personen zu Lebzeiten des früheren Partners gegen diese Lehre verstoße (Nr. 2). Um das Prinzip der lebenslangen Bindung aufrechtzuerhalten, empfahl Resolution Nr. 3, daß die Kirche den Gebrauch des Ehegottesdienstes in keinem Fall erlauben solle, wenn ein früherer Partner noch lebe.[42]

Es handelte sich dabei in der Tat nur um eine Empfehlung ohne jeden rechtlichen Zwang.

> "These resolutions are not binding upon members of Convocation, or upon the Church generally, in the sense that to disregard them would be an act of disloyalty to the Church, but even in their present form they have a real authority as expressing the mind of Convocation. Those who accept and act upon these Resolutions know that they have this measure of authority behind them, those who decide not to act upon them have the responsibility of setting this measure of authority aside."[43]

Mit Canon 38 (1) sollte nun die unverbindliche Resolution Nr. 3 von 1938 durch die bindende Kraft eines Canons ersetzt werden, die Freiheit des Geistlichen zur Verweigerung der kirchlichen Trauung in eine Verpflichtung zur Versagung der Trauung umgemünzt werden. Wegen Section 3 des Submission Act's konnte dieses Ziel nur über eine Änderung des Matrimonial Causes Act von 1937 bzw. 1950[44] erreicht werden.

1953 wurden die Ehe-Canons neu gefaßt, und der ehemalige Canon 38 (1) stand nunmehr in folgender, verkürzt wiedergegebener Fassung zur Debatte: „Kein Geistlicher soll eine kirchliche Trauung vollziehen oder ihre Feier in seiner Pfarrkirche erlauben, wenn ein Teil geschieden ist und der frühere Ehepartner noch lebt."[45]

---

42 "That in order to maintain the principle of lifelong obligation which is inherent in every legally contracted marriage and is expressed in plainest terms in the Marriage Service, the Church should not allow the use of that Service in the case of anyone who has a former partner still living."
Vgl. Riley-Graham (84) S. 117–8.

43 So Erzbischof Lang vor dem Upper House der Convocation von Canterbury zur Verbindlichkeit der Resolutions. C.C.C. June 1935, S. 339.

44 Da Section 12, bzw. Section 13 (2) die Freiheit des Geistlichen garantierten.

45 "No Minister shall solemnize matrimony, or allow matrimony to be solemnized in the church or chapel of which he is the Minister, between two persons either of whom is a person who has already been married but whose marriage has been dissolved by secular authority, so long as the husband or wife to whom that person was married is still living."
1953 lief die neue Fassung noch unter der Bezeichnung (C) I, vgl. C.C.C. May 1953, Agenda S. 5; von 1954 an erhielt sie die Bezeichnung M 3 (2), vgl. Revised Canons (85) S. 44.

Noch im Oktober 1952 hatte Erzbischof Garbett von York davor gewarnt, daß gerade die Verwirklichung der Ehe-Canons leicht zu einem Zusammenstoß mit dem Staat führen könnte, und gleichzeitig die Hoffnung ausgesprochen, daß die Convocations in einem solchen Fall entschlossen ihren Standpunkt vertreten würden.[46]

Seine Befürchtung wurde wahr, nicht jedoch seine Hoffnung.

„Keiner von uns, hinge die Entscheidung nur von seinem Willen ab, würde Canon M 3 (2) fallen lassen“, erklärte Erzbischof Fisher 1956 im Upper House von Canterbury.[47] Gleichwohl setzte er sich mit Nachdruck für die Streichung dieses Canons ein, wie es die Steering Committees der beiden Convocations empfohlen hatten.[48] Mit Gewißheit, so argumentierte der Erzbischof, könne man davon ausgehen, daß das Parlament jeden Canon sehr sorgfältig unter die Lupe nehmen werde, der die Freiheit des Klerus einschränken wolle. Schließlich sei dies ja auch die eigentliche Aufgabe des Parlaments.[49] Und wenngleich die wenigsten Geistlichen von dieser Freiheit tatsächlich Gebrauch machten, so gebe es doch eine Reihe unter ihnen, die dieser Freiheit aus Gewissensgründen einen hohen Wert beimäßen.[50] Käme die Sache vor das Parlament, so würden diese Geistlichen zweifellos alles daransetzen, das Parlament auf ihre Seite zu bringen, um ihre Freiheit nicht beschränkt zu sehen. Das Parlament seinerseits, wie man wisse, sträube sich immer wieder, die Freiheit der Staatsbürger einzuengen, wenn es sich um wichtige Fragen handele, in die Gewissensentscheidungen hereinspielten. Käme Canon M 3 (2) vor das Parlament[51], so wäre das Parlament ernsthaft herausgefordert und die Aussicht einer Zurückweisung des Canons wäre nahezu sicher.[52]

Unter diesen Umständen, so folgerte der Erzbischof, müsse man sich ernsthaft überlegen, ob man um dieser einen Bestimmung willen das Parlament zu einem „letzten Gefecht“ herausfordern solle. Um ein letztes Gefecht würde es sich ja wohl handeln, weil man nach einer solchen Weigerung nicht weitermachen könne

---

46 Vgl. Y.J.C. October 1952, S. 96.

47 C.C.C. May 1956, S. 78.

48 Vgl. “Memorandum from the Canon Law Steering Committees, May 1956”, abgedruckt ohne Seitenangabe im Anhang zu C.C.C. May 1956, sowie in Y.J.C. May 1956, Appendix, S. XXIX.

49 C.C.C. May 1956, S. 49.

50 C.C.C. May 1956, S. 49, 143.

51 Der Canon selbst kommt natürlich nicht vor das Parlament. Er erfordert zu seiner Wirksamkeit nur Royal Licence und Assent. Darüber entscheidet in der Praxis das Home Office.
Die Mitwirkung des Parlaments wäre für die zeitlich vorrangige Änderung des Statute Law erforderlich gewesen.

52 Vgl. zum ganzen: C.C.C. May 1956, S. 144.

wie zuvor.[53] Sollte je die Frage des "Disestablishment's" ins Auge gefaßt werden müssen, so wäre es zu bedauern, wenn die Loslösung vom Staat aus einem Anlaß wie diesem erfolgen würde. Diese Frage sollte sich nur wegen einer viel wichtigeren Sache stellen.[54]

Um diesem Zusammenstoß mit dem Staat auszuweichen, sei es besser, sich wie bisher auf die Resolutionen der Convocations zu verlassen. Damit sie als Stimme der Kirche von heute und nicht von 1938 erkannt würden, sollten sie in den Convocations von neuem beschlossen werden.[55]

Immer wieder klang in den Beratungen die Befürchtung durch, daß der vorgeschlagene Kurs zu einer Schwächung der Position der Kirche führen würde. Wenn die Kirche eine Reihe von Canons erlasse, darunter auch solche über das Eherecht, und kein Canon verböte die Wiederheirat Geschiedener, dann müsse eine bloße Resolution der Convocations erheblich an Wert verlieren.[56]

Da Erzbischof Fisher den geradlinigen Weg über Canon M 3 (2) aus Furcht vor der Hürde des Parlaments nicht zu gehen wagte, andererseits aber auch den Eindruck vermeiden wollte, als schwäche die Kirche damit ihren Standpunkt zu dieser Frage, schlug er vor, auf einem Seitenpfad die Einstellung der Kirche auch in den Canons zum Ausdruck zu bringen: In der Resolution Nr. 3 von 1938 waren die Geistlichen gehalten, eine kirchliche Trauung Geschiedener nicht vorzunehmen, um damit das Prinzip der lebenslangen Dauer der Ehe aufrechtzuerhalten, wie es ganz klar im Hochzeitsgottesdienst des Prayer Book's zum Ausdruck kommt.[57] Die Aussage dieser Resolution, daß die Ehelehre der Kirche im Ehegottesdienst des Gebetbuchs niedergelegt sei, sollte, so die Empfehlung des Erzbischofs, als clause (2) in den Canon M 1 eingefügt werden. Dadurch würde ein wirkliches Gegengewicht geschaffen gegenüber jeder Befürchtung, die Kirche schwäche durch die Streichung von M 3 (2) ihren Standpunkt.[58] Der Vorschlag wurde von den Convocations angenommen.[59] Canon M 3 (2) wurde gestrichen, die Resolutionen 1–4 von 1938 wurden feierlich zum "Act of Convocation"

---

53 "I think that in a sense it would be a final battle. If we went to Parliament with a matter such as this, affecting the administration of the Sacrament of Matrimony, and were refused, we should find it very difficult to sit down under that refusal." C.C.C. May 1956, S. 144.

54 C.C.C. May 1956, S. 144.

55 C.C.C. May 1956, S. 50.

56 Vgl. C.C.C. May 1956, S. 53; ferner S. 55, 60, 70, 146, 148.

57 Wortlaut der Resolution Nr. 3 von 1938 siehe oben Fußnote 42.

58 Vgl. C.C.C. May 1956, S. 71, 77.

59 Vgl. C.C.C. May 1956, S. 81; Y.J.C. May 1956, S. 60–3.
Die von Erzbischof Fisher vorgeschlagene clause ist in den derzeit gültigen Canons unter B 30 (2) zu finden.

erklärt.[60] Dadurch hatten die Resolutionen von 1938 aber in keiner Weise die Qualität von Rechtsnormen erlangt.[61]

Daß die Convocations aus Scheu vor einem möglichen Konflikt mit dem Parlament Canon M 3 (2) fallen ließen, ist vielfach kritisiert worden.

Es könne wohl der Fall gewesen sein, schrieb A.R. Winnett, daß der Resolution von 1938 eine beträchtliche geistige Autorität zukam, als sie das erste Mal verabschiedet wurde. Aber könne dies immer noch behauptet werden, nachdem man nach reiflicher Überlegung die Verankerung dieser Resolution im Canon Law abgelehnt habe, und dies deshalb, weil der Klerus sonst einer teilweise hochgeschätzten Freiheit beraubt würde, was auf den Widerstand des Parlaments stoßen könnte? Zu sehr habe man die Bedeutung der Canon Law Revision betont und zu stark auf die Notwendigkeit allgemein anerkannter Canons hingewiesen, als daß man dem Act of Convocation noch dieselbe Autorität zusprechen könnte.[62, 63]

Hätte man die Weigerung, geschiedene Personen kirchlich zu trauen, offen in die neuen Canons aufgenommen, so hätten Geistliche wie Laien genau gewußt, woran sie wären. War es, so fuhr P.R.P. Barker in seiner Kritik fort, für die Kirche ein wesentliches Anliegen, die kirchliche Trauung Geschiedener zu verhindern, weshalb wäre es dann „nicht weise gewesen, wegen dieses Punktes den Kampf mit dem Parlament zu suchen“[64]? War die Sache hingegen den Kampf nicht wert, so wäre es besser gewesen, das gegenwärtige Recht wirken zu lassen. Der tatsächlich eingeschlagene Weg sei der schlechteste von allen gewesen: die

---

60 Vgl. C.C.C. October 1957, S. 209–10. Ferner: Riley-Graham (84) S. 122–4.

61 Ein "Act of Convocation" liegt vor, wenn der Erzbischof eine gleichlautende Resolution beider Häuser feierlich als "Act of Convocation" proklamiert. Der entscheidende Unterschied zu einem Canon besteht darin, daß ein Act of Convocation Royal Licence and Assent nicht erfordert und deshalb auch keinerlei rechtliche Wirkungen haben kann. Er verkörpert jedoch die Willensbildung der Kirche zu einer bestimmten Frage. Wegen dieser "spiritual authority" darf ein Act of Convocation loyalen Gehorsam erwarten.
Vgl. Smethurst (85) S. 37–41; ferner: C.C.C. April 1959, S. 159–60.

62 Winnett (95) S. 102.

63 Daß ein Act of Convocation einen Canon nicht zu ersetzen vermag, wird besonders dann schmerzlich spürbar, wenn sich geschiedene Geistliche nochmals kirchlich trauen lassen. Als sich der geschiedene Vicar von Dorrige am 29. Mai 1972 in seiner eigenen Pfarrkirche kirchlich trauen ließ, ging dieser Fall durch alle Zeitungen. Eine solche kirchliche Wiederheirat wäre nicht möglich gewesen, wenn Canon 38, bzw. der spätere Canon M 3 (2) durchgesetzt worden wäre. So aber konnte der Bischof dieses Verhalten nur tadeln und den Traugottesdienst als Spott bezeichnen.
Vgl. "The Daily Telegraf" vom 1. Juni 1972, S. 17, Sp. 1, 2. Es liegt auf der Hand, daß es bei Laien Verbitterung auslösen muß, wenn ihnen dasselbe „Recht“ verweigert wird mit einem Hinweis auf einen Act of Convocation.

64 So Erzbischof Fisher in: C.C.C. May 1956, S. 50.

Kirche habe an moralischer Autorität verloren, weil sie für ihre Prinzipien nichts riskieren wollte, einigen Personen sei durch den Act of Convocation ihr gutes Recht genommen worden.[65]

Im letzten Punkt ist diese Kritik unberechtigt. Denn sie verkennt, daß seit dem Matrimonial Causes Act von 1937 keine geschiedene Person ein Recht auf kirchliche Trauung hat, solange der erste Partner noch lebt.

Zum anderen prangert Barker die Ungerechtigkeit an, daß in einer Kirche derartige Trauungen vorgenommen würden, in der anderen nicht. Diese Willkür wäre aber sicherlich viel gravierender, wenn die Geistlichen nicht einmal durch die „spiritual authority" des Act's of Convocation auf eine einheitliche Linie festgelegt wären.

Ob man aus der Streichung des Canons einen Autoritätsschwund der Kirche ableiten will oder darin taktische Klugheit erblickt, wird letzten Endes Ansichtssache bleiben. Die Antwort wird wesentlich vom Stellenwert bestimmt sein, den für den Beurteiler die Beibehaltung des "Establishment's" besitzt. Nicht zu leugnen ist, daß das Schweigen der revidierten Canons zu dieser in der Kirchenpraxis so bedeutsamen Frage eine bedauernswerte Lücke darstellt.

Die Streichung des Canon 38 mag Anlaß sein, die in dieser Arbeit vertretene Ansicht von der automatisch derorgierenden Kraft des Statute Law gegenüber dem Canon Law auf ihre Richtigkeit hin zu überprüfen.

Section 12 des Matrimonial Causes Act von 1937 war nach T.A. Lacey:

> „Von seiten des Parlaments eine klare und volle Anerkennung der Existenz von zwei verschiedenen Systemen von Eherecht in England – des Rechts der Kirche und des Staates – und ein Dementi jeder Absicht des Parlaments, das Recht des Staates der Kirche aufzudrängen."[66]

Auch die Mitglieder der erzbischöflichen Canon Law Kommission bemühten Section 12, um damit die Richtigkeit ihrer Ansicht über das Verhältnis von Canon Law und Statute Law zu belegen.[67]

Doch was beweist Section 12 wirklich?

Canon M 3 (2) wurde fallengelassen, weil seine Durchsetzung eine Änderung des Statute Law erforderlich gemacht hätte. Geht man davon aus, daß das einschlägige Canon Law bereits durch den Matrimonial Causes Act von 1857 geändert worden war, so war mit Canon 38 (1) bzw. M 3 (2) ein konstitutiver Neuerlaß anvisiert, der zwangsläufig wegen Section 3 des Submission Acts zuvor eine Änderung der entgegenstehenden Section 13 (2) des Matrimonial Causes Act von

---

65 Barker (3) S. 45.

66 Lacay (65) S. 188.
Dem stimmte das Schrifttum allgemein zu, vgl. Winnett (96) S. 232–3, mit weiteren Nachweisen.

67 Vgl. Canon Law (13) S. 66–7.

1950[68] erforderlich machte. Folgte man hingegen der herrschenden Ansicht, die vorgibt, daß das Canon Law durch die staatlichen Statuts völlig unberührt blieb, so hätte es sich bei M 3 (2) lediglich um eine deklaratorische Aufnahme des bestehenden Canon Law gehandelt. Kann man aber als „Recht" bezeichnen, was nicht einmal deklaratorisch in eine Rechtssammlung aufgenommen werden darf?

Das Canon Law hatte dem Geistlichen die Wiederverheiratung geschiedener Personen untersagt, da es eine Scheidung „a vinculo" nicht anerkannte. Durch das Gesetz von 1857 war der Geistliche durch den Staat zur Vornahme der Trauung des unschuldig geschiedenen Teiles verpflichtet worden. Mit Section 12 des Gesetzes von 1937 war diese Verpflichtung entfallen. Hatte der Staat damit zugegeben, daß "the law of the Church, unlike the Civil Law, does not recognize a divorce with the right of re-marriage"[69]?

Keinesfalls. Die alte Verpflichtung zur Unterlassung der Trauung, das alte Canon Law, war deshalb nicht wieder durchsetzbar, wie das Schicksal von Canon 38 (1) deutlich genug gezeigt hat. Das alte Canon Law konnte nicht durchgesetzt werden *wegen* der Freiheitsgewähr der Section 12. Diese beweist also gar nichts.

Obwohl das Scheitern von Canon 38 (1) eigentlich klar gemacht haben mußte, daß Canon Law durch Statute Law automatisch aufgehoben wird, weigerte sich Erzbischof Fisher leidenschaftlich, dies im Klartext auszusprechen. Er zitierte am 1. Oktober 1957 in der Convocation folgenden Zeitungskommentar:

> "One pernicious myth has been exploded. It has often been maintained with more zeal than honesty that re-marriage after divorce is contrary to the law of the Church. That can no longer be said with even the appearance of plausibility."[70]

Er entgegnete darauf:

> "But indeed it can be said and must be said, because it is true. Re-marriage after divorce, whether in church or not, is allowed by the law of the land. The law of the Church in this matter was last expressed in the Canons of 1603, which expressly laid down that parties separated by divorce shall not during each other's life contract matrimony with any other person. That is still the law of the Church. It has been overruled and outdated by the law of the land, but not changed. The Church has been content with such reliefs as it could obtain from the law of the land. But it has made abundantly clear that, in the free realm of its own spiritual authority, the Church forbids such marriage in Church."[71]

Das Recht der Kirche durch das Recht des Landes umgestoßen und überholt, aber gleichwohl nicht geändert – diese subtile Unterscheidung von Erzbischof Fisher glaubt man auf den ersten Blick nicht mehr nachvollziehen zu können.

---

68 Section 13 (2) dieses Gesetz entsprach der Section 12 des Matrimonial Causes Act von 1937.

69 So: Canon Law (13) S. 67.

70 C.C.C. October 1957, S. 210–1.

71 C.C.C. October 1957, S. 211.

Der Satz erhält jedoch durchaus seinen Sinn, legt man den beiden Aussagen jeweils unterschiedliche „Rechts"-Begriffe zu Grunde: als bindendes, durchsetzbares Recht wurde das Recht der Kirche durch die Statuts des States umgestoßen und überholt, während die inhaltliche Aussage des bis dahin bindenden Canon Law nach wie vor für richtig angesehen wird und daher unverändert, aber eben nur noch mit "spiritual authority", als „nudum ius" sozusagen, weitergilt. Nur mit dieser Differenzierung ließe sich die herrschende Meinung rechtfertigen.

3. Canon 69 a

Rechtlich aufschlußreich war auch das Schicksal von Canon 69 a. Dieser Canon, der im Entwurf von 1947 noch nicht vorgesehen war, sah vor, daß alle Geistlichen, die vor einer Beförderung standen, in einer feierlichen Erklärung ihren Gehorsam gegenüber den Canons bekräftigen sollten.[72]

Als er im Jahre 1953 vorgeschlagen wurde, geschah dies aus folgenden Erwägungen: eine solche Gehorsamserklärung war in nahezu allen anderen Kirchen der Anglican Communion üblich, durch sie würde die Bedeutung der Canons dem Geistlichen nachhaltig zum Bewußtsein gebracht und die Aufrechterhaltung der kirchlichen Disziplin erleichtert.[73]

Obwohl der Canon insbesondere in der Convocation von Canterbury lebhaft begrüßt worden war, wurde er 1958 fallen gelassen. Die Steering Committees hatten seine Streichung beantragt, weil die Geistlichen schon nach dem Recht Englands an das Canon Law gebunden seien. Vom Klerus eine Erklärung zu fordern, daß er sich an das Canon Law halten werde, sei nicht nur völlig unnötig, sondern könnte in mancher Hinsicht sogar als Schwächung dieses Prinzips der rechtlichen Verbindlichkeit angesehen werden.[74]

Im Gegensatz zu anderen Zweigen der Anglican Communion sei die Kirche von England "established by the law of England". Dies habe zur Folge, daß die Canons Teil des Landesrechts seien. Vom Klerus zu verlangen, daß er einem bestimmten Ausschnitt aus dem Landesrecht Gehorsam gelobe, sei unangebracht.[75]

---

72 "... I, A.B., do solemnly make the following declaration: I will obey and abide by the Constitutions and Canons Ecclesiastical of the Church of England as they have been or shall hereafter be passed by the Convocation of the Province of the Church of England in which I may from time to time minister, and duly promulgated with the Royal Assent."
Vgl. Revised Canons (83) S. 88.

73 Vgl. C.C.C. October 1953, S. 266; Y.J.C. October 1953, S. 39.

74 Vgl. "Memorandum from the Steering Committees. January 1958" im Anhang zu C.C.C. Jan. 1958, sowie in Y.J.C. Jan. 1958, Appendix S. XX–XXI.

75 So: D.F. Horsefielt im Namen der Steering Committees in C.C.C. Jan. 1958, S. 9.

Auf diesen Vortrag hin stellte Canon H. Dobson in der Convocation von Canterbury die brisante Frage, ob denn nicht das gegenwärtige Canon Law eine Wiederheirat nach Scheidung verbiete, während der Staat sie gestatte. Wie könne dann ein Geistlicher dem Canon Law gehorchen und gleichzeitig die Freiheit ausnützen, die ihm der Staat in dieser Hinsicht einräume? [76]

Man kann dieselbe Frage auch schärfer formulieren: Kann ein Canon seine bindende Kraft über den Klerus behalten, wenn ein Statute den Geistlichen von dieser Verpflichtung freistellt? Wenn – wohlgemerkt – beide Gesetze Teile desselben Landesrechts sind.

Daß diese Frage dahinterstand, wurde teilweise klar erkannt. Der Bischof von Exeter (Dr. Mortimer) gab unumwunden zu, daß das Canon Law in diesem Fall seine Rechtsqualität eingebüßt habe.[77]

Erst auf der letzten Tagung der Convocations hatte Erzbischof Fisher in scharfen Worten den Zeitungsartikel gegeißelt, der geleugnet hatte, daß das Canon Law die Wiederheirat Geschiedener noch verbiete.[78] Man durfte deshalb wohl erwarten, daß er dieselbe Feststellung aus dem Munde des Bischofs von Exeter ebenso ausdrücklich „richtigstellen" würde.

Statt dessen erklärte er nur, daß in dieser Frage keinerlei Anlaß zur Verwirrung bestünde, ohne aber dabei auf die Argumente der Gegenseite einzugehen.[79] Dies wäre aber auch schwerlich möglich gewesen. Denn in seiner Kritik des Zeitungsartikels hatte er noch mit dem Gegensatz "Law of the Land" – "Law of the Church" operiert, und jetzt wurde Canon 69 a gestrichen, weil das Canon Law Teil des Landesrechts war.

4. Der Schutz des Beichtgeheimnisses

Das schwierigste Problem der Revision warf die angestrebte Verankerung des Beichtgeheimnisses im Canon Law auf. In keiner anderen Frage wurde die Unfreiheit einer Staatskirche so drückend empfunden wie hier, bei keinem anderen Canon war die Verbitterung über den eingeschlagenen Kurs zeitweilig so stark, daß die Fortsetzung der Revision insgesamt gefährdet erschien.

Die Achtung des Beichtgeheimnisses war schon in Canon 113 von 1603 niedergelegt. Der erste Teil dieses Canons hatte dem Geistlichen die Pflicht auferlegt,

76 C.C.C. January 1958, S. 9–10.

77 Vgl. C.C.C. January 1958, S. 10: "The Bishop of Exeter (Dr. Mortimer) said it was unfortunately the fact, as he understood it, that the power of the secular Parliament to legislate as it thought fit was unrestricted, and when the State legislated in opposition to the Canons of the Church, the Canons of the Church ceased to hold their place as law in that respect."

78 Vgl. oben S. 70.

79 Vgl. C.C.C. January 1958, S. 11.

alle Übeltäter seiner Pfarrei dem Bischof zu melden; im zweiten Teil wurden von dieser Meldepflicht alle Vorfälle ausgenommen, von denen der Geistliche durch eine Beichte Kenntnis erlangt hatte. Die Preisgabe solchen Wissens war ihm nur erlaubt, wenn sein eigenes Leben auf dem Spiel stand.[80]

Im Entwurf der Canon Law Kommission sah Canon 66 den Schutz des Beichtgeheimnisses vor.

Die Convocations erkannten alsbald die Gefahr, daß die Aufnahme des Beichtgeheimnisses in das revidierte Canon Law am Widerstand des Parlaments scheitern könnte. Es stand nämlich fest, daß andere Personenkreise, wie Ärzte und Rechtsanwälte, die ebenfalls Adressaten vertraulicher Mitteilungen waren, gemäß dem englischen Common Law kein absolutes Zeugnisverweigerungsrecht vor den englischen Gerichten hatten. Und es schien höchst unwahrscheinlich, daß das Parlament dem Klerus der Kirche von England im Gegensatz zu diesen Personengruppen und den Geistlichen anderer Religionsgemeinschaften ein *neues* Privileg einräumen würde. Aus dieser Erwägung heraus wurde Canon 66 neu gefaßt und der neue Text so eng wie möglich an den Wortlaut des Canon 113 von 1603 angelehnt.[81] Damit glaubte man sich eines überzeugenden Arguments dafür versichert zu haben, daß keinerlei Rechtsänderung beabsichtigt war.[82]

Und dennoch schlug das Steering Committee 1958 die Streichung dieses Canons[83] vor. Die Begründung: Zur Erlangung des Royal Assent dürfe der Krone kein Canon vorgelegt werden, der im Widerspruch zum gegenwärtigen Recht des Landes stehe. In einem solchen Fall müßten sie erst durch das Parlament eine Änderung des Landesrechts zu erreichen suchen. Der Innenminister würde gegebenenfalls darüber zu entscheiden haben, welche Canons den Royal Assent erhalten sollten, und welche nicht. Die Rechtsexperten, die den Innenminister in dieser Frage dann beraten würden, hätten eindeutig erklärt, daß Canon 35 a (5)

---

80 *Canon 113 von 1603:* "Provided always, That if any man confess his secret and hidden sins to the Minister, for the unburdening of his conscience, and to receive spiritual consolation and ease of mind from him: we do not any way bind the said Minister by this our Constitution, but do straitly charge and admonish him, that he do not at any time reveal and make known to any person whatsoever any crime or offence so committed to his trust and secrecy, (expect they be such crimes as by the laws of this realm his own life may be called into question for concealing the same,) under pain of irregularity."

81 Die neue Fassung lautete (mittlerweile als clause 4 von Canon 65): "If any person confess his secret and hidden sin to a Priest for the unburdening of his conscience, and to receive spiritual consolation and absolution from him, such Priest is hereby straitly charged and admonished that he do not at any time reveal and make known to any person whatsoever any sin so committed to his trust and secrecy." Vgl. C.C.C. May 1954, Anhang.

82 Vgl. C.C.C. May 1954, S. 8, 85, 86, 89.

83 Inzwischen stand er als clause 5 im Entwurf zu Canon 35 a.

trotz der Anlehnung an den Wortlaut des alten Canons 113 von 1603 nicht in Einklang mit dem Landesrecht stehe. Das Recht des Landes kenne keinen absoluten Schutz des Beichtgeheimnisses. Der erste Teil von Canon 113 sei völlig obsolet, und es sei unzulässig, lediglich den zweiten Teil herauszugreifen. Der Versuch, das Common Law zu ändern, würde im Parlament auf schärfsten Widerstand stoßen. Denn den Richtern müsse die volle "reserve power" zur Ausschöpfung aller verfügbaren Beweismittel erhalten bleiben. Zum anderen, wollte das Parlament der Kirche von England dieses Zeugnisverweigerungsrecht einräumen, so müßte es denselben Status auch den Geistlichen anderer Religionsgemeinschaften und einer Reihe anderer Berufsgruppen gewähren. Hier eine Grenze zu ziehen, würde für das Parlament äußerst schwierig sein.[84]

Canon 113 von 1603 sollte nach dem Vorschlag des Steering Committees nicht aufgehoben werden, so daß auch nach einer Streichung von Canon 35 a hinsichtlich des Beichtgeheimnisses dieselbe Situation weiterbestehen würde wie zuvor.[85]

Die Ansicht der Rechtsberater des Home Office, daß der Schutz des Beichtgeheimnisses nicht mehr Bestandteil des Landesrechts sei, blieb in den Convocations nicht unwidersprochen: in Canon 113 anerkannt, sei das Beichtgeheimnis dank des Submission of the Clergy Act's zum Recht des Landes geworden und durch kein nachfolgendes Statute aufgehoben worden.[86] Es wurden auch die Meinungen anderer Rechtsexperten zitiert, denenzufolge Canon 113 als Landesrecht nach wie vor das Beichtgeheimnis absolut schütze.[87] Die Rechtslage war also unsicher.

Der positive Aspekt dieser ungewissen Rechtslage bestand darin, daß die Gerichtspraxis einen Priester im Zeugenstand nicht zur Aussage seines Beichtwissens zwang. Würde man, so argumentierte der Bischof von Exeter, clause 5 von Canon 35 a beibehalten, so würde auf Grund der allein maßgeblichen Ansicht der Rechtsberater des Innenministeriums der Royal Assent wohl mit Sicherheit verweigert werden. Die Kirche müßte dann clause 5 entweder fallen lassen oder sie wäre gezwungen, durch ein Parlamentsgesetz feststellen zu lassen, daß clause 5 im Einklang mit dem Landesrecht stehe. Daß eine solche Gesetzesvorlage im Parlament verworfen werden würde, sei praktisch sicher. Die Folge davon? Die vorgeschlagene clause 5 über den Schutz des Beichtgeheimnisses wäre öffentlich als unvereinbar mit dem Landesrecht erklärt. Dies würde dann dem Schutz des Beichtgeheimnisses mehr schaden als eine Streichung im gegen-

84 Vgl. C.C.C. October 1958, S. 249–51.

85 C.C.C. October 1958, S. 251.

86 C.C.C. October 1958, S. 328. (Rev. F.A. Gain im Lower House von Canterbury)

87 C.C.C. October 1958, S. 330; die ausführlichste Begründung gab für diese Ansicht Peter Winckworth's Untersuchung (94).

wärtigen Moment. Denn die derzeit entgegenkommende Einstellung der Richter hinsichtlich der Aussagepflicht von Beichtgeheimnissen könnte sich sehr wohl ändern, wenn ein Act of Parliament erklärt hätte, daß Canon 113 vor Gericht nicht mehr binde.

Der äußerst unbefriedigende Weg der Streichung sei daher immer noch der weiseste Ausweg aus diesem großen Dilemma. Wie im Falle der Wiederheirat Geschiedener, so fuhr der Bischof von Exeter fort, sollten sie durch eine Resolution der Convocations die Gewissen der Geistlichen leiten und alle künftig Beichtenden beruhigen.[88]

Mit großer Bereitwilligkeit schloß sich Erzbischof Fisher diesem Vorschlag an und setzte sich dafür ein, die Materie durch einen Act of Convocation zu regeln. Niemand, so sagte er, wolle durch die Streichung das Prinzip des Beichtgeheimnisses aufgeben. Das Ziel sei vielmehr, ihm höchste Autorität zu verleihen. Die höchste Autorität, die sie ihm geben könnten, sei ein Act of Convocation. Er sehe nicht ein, weshalb ein solcher Act of Convocation nicht genügen solle. Ein sonderbares Argument sei es, wenn behauptet würde, daß sie ohne Zustimmung des Parlaments nicht gesichert seien. Durch einen Act of Convocation hätten sie genau soviel Sicherheit wie die römisch-katholische Kirche, und dies sei alles, was sie bräuchten.[89]

Der Streichungsvorschlag wurde zum Teil leidenschaftlich bekämpft.

Gegen das Argument der Gleichstellung mit der römisch-katholischen Kirche wurde vorgebracht, daß der eigentliche Zweck des Canons nicht im Schutz des Klerus bestehen sollte. Die Aufnahme des Beichtgeheimnisses ins Canon Law sollte ebensosehr der Erzwingbarkeit dieses Grundsatzes dienen. Die römisch-katholische Kirche könne ihr Canon Law erzwingen, weil sie volle Kontrolle darüber habe. Die Kirche von England aber könne ihre Grundsätze nur erzwingen, wenn sie Recht des Landes seien. Durch einen bloßen Act of Convocation wäre die Disziplin des Klerus daher nicht in der gleichen Weise geregelt wie in der katholischen Kirche.[90]

Sollten sich die Bischöfe je mit einem Priester zu befassen haben, der das Beichtgeheimnis brechen sollte, so wären die Hände der Bischöfe weitgehend gebunden, wenn ihnen kein Canon zur Seite stünde.[91]

Die ganze Schwierigkeit rühre nur aus der Verbindung mit dem Staat her, wurde beklagt. Was auch immer ein römisch-katholischer Canon besage, ein römischer Katholik befinde sich dem Richter gegenüber stets in der gleichen Lage, als ob

---

88 Vgl. C.C.C. October 1958, S. 256–7.

89 Vgl. C.C.C. October 1958, S. 257–8.

90 Vgl. Y.J.C. April 1959, S. 92 (Provost of Sheffield).

91 Vgl. C.C.C. Oct. 1958, S. 252 (Canon A.C. Williams).

der Canon nicht existierte. In der Kirche von England hingegen habe ein solcher Canon die Kraft eines Landesrechts, und der Richter wäre an ihne gebunden.[92]

Dies sei nicht das erste Mal in der Geschichte der Revision, daß einige in ihrem Gewissen schwer belastet würden durch den Rat, ihr Mäntelchen nach dem Wind politischer Zweckmäßigkeit zu hängen, erbitterte sich Rev. G.B. Timms. Früher oder später müßten sie das gegenwärtige Verhältnis zwischen Staat und Kirche ja doch in Frage stellen und ihre Unabhängigkeit fordern. Es sei keineswegs sicher, daß dieser Zeitpunkt noch nicht gekommen sei; keineswegs sicher auch, daß sie nicht zu nervös und zu ängstlich seien in ihren Vorstellungen, was wohl die Reaktion des Staates sein könnte.[93]

Zu oft schon habe die Kirche den angenehmen Ausweg aus ihren Schwierigkeiten gewählt, warf Canon J. Brierly vor. Die ganze Zeit über hätten sie die Drohung des Parlaments spüren müssen. Man habe dieses nicht tun können und jenes nicht, so richtig es auch gewesen sein mochte, weil es das Parlament verwerfen könnte. Es sei endlich an der Zeit, das zu tun, was die Convocations für richtig hielten, und den Konsequenzen dieser Entscheidung ins Auge zu sehen.[94]

Erzbischof Fisher hatte einen Act of Convocation als Ausweg aus der Schwierigkeit damit gerechtfertigt, daß er für die Zwecke der Kirche vollkommen genüge. Wenn dies so sei, fragte daraufhin Rev. F.A. Gain, wäre es dann nicht viel gescheiter, gleich alles durch Act of Convocation zu regeln und die Canons ein für allemal zu vergessen? Warum auf der einen Seite soviel Zeit und Energie auf das Verfassen von Canons verschwenden und um Royal Assent nachsuchen, wenn andererseits gesagt werde, daß es ein Act of Convocation genauso tue?[95]

Rev. M. Bruce sah die Beibehaltung von clause 5 gar für so wichtig an, daß er drohte, er werde sich im Fall einer Streichung durch das Upper House für verpflichtet fühlen, den Antrag zu stellen, daß das Lower House angesichts dieser ernsten Lage nicht länger bereit sei, die Revision des Canon Law fortzusetzen.[96]

Um die unveränderte Einstellung der Kirche zur Frage des Beichtgeheimnisses deutlich zu machen, beschloß am 29. April 1959 Canterbury den angestrebten Canon als Act of Convocation, York faßte eine gleichlautende Resolution.[97]

92 C.C.C. May 1958, S. 255. (Canon F.F.G. Warman).

93 C.C.C. October 1958, S. 253–4.

94 C.C.C. October 1958, S. 329–30.

95 C.C.C. October 1958, S. 329; ähnlich: C.C.C. April 1959 (Archdeacon of Buckingham).

96 C.C.C. April 1959, S. 241.

97 "That this House (York: That this Synod) reaffirms as an essential principle of Church doctrine that if any person confess his secret and hidden sin to a priest for the unburdening of his conscience, and to receive spiritual consolation and absolution from him, such priest is strictly charged that he do not at any time reveal or make known to any person whatsoever any sin so committed to his trust and secrecy." Vgl. C.C.C. April 1959, S. 231 i.V.m. Agenda 3 (d) (1); Y.J.C. April 1959, S. 85, 96.

Dem Antrag, clause 5 zurückzuziehen, entsprach das Upper House of York mit 7:4 Stimmen, er scheiterte jedoch am Widerstand des Lower House (48:29 Gegenstimmen).[98]

In Canterbury wurde über den Streichungsantrag angesichts des heftigen Widerstandes gar nicht erst abgestimmt. Statt dessen wurde die ganze Frage an das Steering Committee zur weiteren Beratung zurückverwiesen.[99]

Als die Steering Committees 1966 den strittigen Canon[100] den beiden Convocations wieder vorlegten, wiederholten sie den alten Vorschlag, clause 5 zu streichen und dafür Canon 113 von 1603 nicht aufzuheben. Sie konnten ihre Empfehlung diesmal damit begründen, daß inzwischen die staatliche Law Reform Commission und das Committee on Criminal Evidence sich mit dem Problemkreis der privilegierten Mitteilungen auseinandersetzten. Die Convocations sollten ihre endgültige Entscheidung über Canon B 28 (5) nicht treffen, ehe diese Reports vorlägen. Damit der Abschluß der Revision nicht bis zu diesem Zeitpunkt hinausgezögert werde, empfehle sich der vorgeschlagene Kurs.[101]

Falls die beiden Kommissionen die Gewährung dieses Privilegs vorschlagen sollten, erklärte E.W. Kemp, würde dies die Durchsetzung des Canons erleichtern; sollte es nicht gewährt werden, dann sei dies eine Frage, mit der sich die Church and State Commission befassen müsse.[102]

Der Eifer, mit dem sich die Convocations vor sieben Jahren noch gegen denselben Vorschlag gewehrt hatten, war erloschen. Nach kurzer Diskussion stimmten alle vier Häuser dem Vorschlag zu.[103]

Infolgedessen fehlt im Buch der revidierten Canons der Schutz des Beichtgeheimnisses. Lediglich in der Einleitung wird erwähnt, daß der alte Canon 113 von 1603 nicht aufgehoben wurde, und daß die Achtung dieses Grundsatzes in einem Act der Convocation von Canterbury niedergelegt sei.[104]

Von den staatlichen Reformkommittees wurde nicht vorgeschlagen, den Geistlichen vor Gericht ein Zeugnisverweigerungsrecht für ihr Beichtwissen zuzugestehen. Die erzbischöfliche Kommission fand sich in ihrem Report "Church and State" von 1970 damit ab:

> "We think that the matter of privileged communications should now be left to rest, as it has in fact chiefly rested in the past, and must rest in the future, whether there is

---

98 Y.J.C. April 1959, S. 96.

99 C.C.C. April 1959, S. 289.

100 Er lief inzwischen unter der Bezeichnung B 28 (5)

101 Vgl. "Memorandum from the Canon Law Steering Committees" in: C.C.C. October 1966, Anhang, sowie in: Y.J.C. October 1966, Appendix S. XVII–XVIII.

102 C.C.C. October 1966, S. 247.

103 Vgl. C.C.C. October 1966 und Y.J.C. October 1966, jeweils S. 247–50.

104 Vgl. Canons (15) Introduction S. XII.

any firther legislation by Canon or not, on the sense of moral obligation and pastoral responsibility."[105]

5. Canon 8

Im Entwurf zu Canon 8 hatte die Canon Law Kommission eine Definition des Canon Law zu geben versucht. Es sollte aus den gegenwärtigen (revidierten) Canons mit ihren künftigen Abänderungen und Ergänzungen bestehen, ferner aus den verbleibenden Überresten des vorreformatorischen Canon Law, soweit es nicht ausdrücklich oder implizit von den revidierten Canons überlagert würde. Das endgültige Urteil über die Weitergeltung des vorreformatorischen Canon Law sollte den beiden Erzbischöfen zustehen. Dieser Entscheidungsvorbehalt zugunsten der Erzbischöfe wurde 1953 gestrichen.[106] Maßgebend dafür war die Überlegung, daß es nicht befriedigend und auch nicht fair sei, die ganze Last der Entscheidung den beiden Erzbischöfen aufzubürden. Besser sollte man die Gerichte von Fall zu Fall darüber entscheiden lassen. Wenn sie es wünsche, könne die Kirche ja nach einem solchen Urteil gesetzgeberische Schritte unternehmen.[107]

Ohne jede Diskussion in den Convocations wurde diese Form des Canons fünf Jahre später auf den Rat der Steering Committees hin aufgegeben.[108]

Interessant ist die Begründung, mit der die Steering Committees die Streichung angeregt hatten: Das Canon Law könne nur als das von Zeit zu Zeit gültige Canon Law definiert werden. Es sei nicht statisch, wie Canon 8 vorzugeben scheine. Der letzte Teil des Canons, der sich mit den Bestimmungen des Canon Law befasse, die zur Zeit des Submission Act's noch gültig waren, könne nicht unverändert bestehen bleiben. Denn diese Bestimmungen seien Teil des Landesrechts geworden. Sie könnten deshalb nicht, auch nicht stillschweigend, durch die gegenwärtigen Canons aufgehoben werden, wie es ins Auge gefaßt sei. Dies könne nur durch Gesetzgebung[109] erfolgen.[110]

Vielleicht hatte Canon 8 in der Tat zu wenig deutlich gemacht, daß das Canon

---

105 Church and State (26) S. 60.

106 In seiner neuen Fassung lautete der Canon:
"The Canon Law of the Church of England consists of, first, these present Canons, and, secondly, of the General Canon Law, meaning thereby such of the provisions of the Canon Law in force in England at the passing of the Act 25 Henry VIII c. 19, as are still in force at the time of the promulgation of these present Canons and are not inconsistent therewith."
Vgl. C.C.C. May 1953, S. 33.

107 Vgl. C.C.C. May 1953, S. 33 und 157.

108 Vgl. C.C.C. January 1958, S. 8 und Y.J.C. Jan. 1958, S. 27.

109 Unter „Gesetzgebung" ist staatliche Gesetzgebung zu verstehen (Acts of Parliament oder Church Assembly Measures).

Law nicht statisch weitergalt, sondern durch entgegengesetztes Gewohnheitsrecht oder Statute Law seine Gültigkeit verlieren konnte.[111] Völlig unhaltbar ist hingegen die Ansicht, daß das vorreformatorische Canon Law durch die neuen Canons nicht aufgehoben werden könne, daß dies nur durch staatliche Gesetzgebung geschehen könne.

Zunächst scheint dies freilich die notwendige Konsequenz aus Section 3 des Submission Act's zu sein. Sie besagt, daß kein Canon erlassen werden dürfe, der im Widerspruch zum Landesrecht stehe. Nachdem das Canon Law infolge der Gesetze 25 Hen. VIII c. 19 und 25 Hen. VIII c. 21 als Landesrecht anzusehen ist, zählt das bestehende Canon Law nach dem Wortlaut der Section 3 zu den Schranken, denen kein neuer Canon widersprechen darf.

Demzufolge wären die Canons von 1603 nur gültig gewesen, soweit sie das vorreformatorische Canon Law nicht abgeändert hätten. In gleicher Weise müßten alle Canons der jüngsten Revision als ungültig angesehen werden, soweit sie bisheriges Canon Law modifiziert hatten, ohne daß sie von Church Assembly Measures oder Acts of Parliament begleitet waren.

Inzidenter hätte daher von den Rechtsberatern während der Revision die extrem schwierige Frage entschieden werden müssen, welche Teile des vorreformatorischen Canon Law noch weitergalten. Ebenso die Frage, inwieweit die Canons von 1603 noch gültig waren. Erst dann hätten sie staatliche Gesetzgebung für nicht erforderlich erklären können. Mit all diesen Fragen haben sie sich jedoch nie befaßt.

Ferner wäre nicht nur das vorreformatorische Canon Law, sondern auch das gesamte revidierte Canon Law (auch es zählt ja zum Law of the Land) einer künftigen Abänderung durch die Kirche entzogen. Dabei sollte es nach dem Plan der Convocations nie mehr veralten, sondern fortlaufend den neuen Verhältnissen angepaßt werden.[112]

---

110 "This Canon should be omitted. The Canon Law can only be defined as the Canon Law in force from time to time. The Canon as drafted assumes that the Canon Law is static, whereas it varies from time to time in accordance with the circumstances. The last part of the Canon dealing with the provisions of the Canon Law in force at the passing of the Act Henry VIII c. 19, cannot stand as drafted. These provisions have been accepted into the law and are part of the law. They cannot therefore be repealed even impliedly by the present Canons, as seems to be contemplated. They can only be repealed by legislation."
Vgl. "Memorandum of the Steering Committees", C.C.C. January 1958, Anhang; Y.J.C. Jan. Appendix S. XIX.

111 Obwohl die gekürzte Fassung im Gegensatz zum ursprünglichen Entwurf die Worte enthielt: "... as are still in force at the Time of the promulgation of these present Canons ...". Vgl. oben Fußn. 106.

112 Zu diesem Zweck wurde 1966 eine Standing Canon Law Revision Commission berufen. Vgl. C.C.C. October 1966, S. 243.

Die fragliche Ansicht der Steering Committees steht damit einmal im Widerspruch zur Praxis der Canon Law Revision und würde zum anderen zu Konsequenzen führen, die für die Kirche unannehmbar sein müßten.

Beide Gesichtspunkte für sich allein genommen besagen freilich noch nichts gegen die Richtigkeit der Ansicht der Steering Committees. Um sie zu widerlegen, muß dargetan werden, daß Section 3 des Submission Act's nicht zu solchen Folgerungen nötigt.

Section 3 führt zu den aufgezeigten Folgen nur, wenn sie undifferenziert ausgelegt wird, wenn das bestehende Canon Law wie das übrige Landesrecht zu den inhaltlichen Schranken künftiger Canons gerechnet wird. Die für die rechtliche Autonomie der Kirche so katastrophalen Ergebnisse würden nicht eintreten, wenn das Canon Law nicht zu den Schranken künftiger Kirchengesetzgebung durch Canons zählen würde, obwohl es zum Landesrecht zu rechnen ist.

Zu einer solchen restriktiven Auslegung der Section 3 zwingt die nämliche Überlegung, mit der schon oben verneint wurde, daß vorreformatorisches Canon Law durch den Submission Act zu Statute Law geworden sei.

Wie Gibson schreibt, wurde durch den Submission Act die alte Gesetzgebungsgewalt der Kirche nicht ausgelöscht, sondern nur größeren Beschränkungen unterworfen. Der Submission Act ist damit gleichzeitig eine Anerkennung und Bekräftigung der kirchlichen Gesetzgebungsgewalt.[113]

Wegen dieser Zielsetzung des Gesetzes muß der weite Wortlaut der Section 3 teleologisch dahingehend reduziert werden, daß das bestehende Canon Law nicht zu den Schranken künftiger Gesetzgebung durch Canons zählt. Denn die Gesetzgebungsbefugnis der Kirche wäre eine Farce, wenn es nicht einmal in der Macht der Kirche stünde, ihre bisherigen Canons selbst abzuändern.

Die Streichung von Canon 8 änderte natürlich nichts daran, daß gewisse Teile des vorreformatorischen Canon Law kraft der Gesetze 25 Hen. VIII c. 19 und 25 Hen. VIII c. 21 unter den beschriebenen Voraussetzungen noch weitergelten konnten.

6. Canon 9

Obwohl die Canon Law Kommission in ihrem Report von 1947 eingehend die Rechtslage geschildert hatte, derzufolge kein nachreformatorischer Canon

113 Gibson (43), Introduction S. XXIX.Siehe auch: Thomas Barnes/Alan Ellis: "A Note on the Legal Status of the Convocations and the Canon Law" unter Nr. 5: "The Convocations ... their existence and their power to make Canons are expressly recognised by Parliament by the Act of 1533"; abgedruckt als Appendix zum Report Nr. 692 im Anhang zu C.C.C. May 1957.

proprio vigore die Laien binden konnte[114], sah ihr Entwurf zu Canon 9 in erheblichem Umfang eine Bindung von Laien durch das Canon Law vor.[115]

Schon bei der Vorlage des Reports im Mai 1947 wurden Bedenken geäußert, ob dieser Canon wohl verwirklicht werden könnte.[116]

Als der Canon 1958 zur Beratung anstand, übten die Steering Committees folgende Kritik: Ein Canon, der gesetzlich regeln wolle, welche bindende Wirkung und Erzwingbarkeit das Recht der Kirche von England sowohl hinsichtlich des Klerus wie auch der Laien habe, sei völlig wirkungslos. Nach dem Recht Englands sei ein Canon nur gegen den Klerus in „re ecclesiastica" erzwingbar und gegen niemanden sonst. Kein Canon könne daher vorgeben, das Recht hinsichtlich der Laien niederzulegen, auch wenn diese ein kirchliches Amt innehätten.[117]

"By the law of England a Canon is only enforceable against the clergy in re ecclesiastica and against no one else." Mit diesen Worten ließen die Steering Committees völlig unter den Tisch fallen, daß Lord Hardwicke gewissen Canons auf Grund von "ancient allowance" bindende Wirkung auch über Laien zuerkannt hatte. Auch bei der Streichung von Canon 9 in den Convocations wurde diese Unterscheidung mit keinem Wort mehr erwähnt.[118] Ihr kommt heute keine Bedeutung mehr zu; denn Laien unterliegen heutzutage nicht mehr der Strafgerichtsbarkeit kirchlicher Gerichte. Diese haben kein Mittel in der Hand,

---

114 Vgl. Canon Law (13) S. 76–7.

115 *Canon 9:* "(1) The Law of the Church of England is binding upon, and shall be enforceable by and against, the clergy and such of the laity as either hold office in the Church or are members of any of the bodies mentioned in Canon CXXX and all other of the laity claiming the benefit of any of the ministrations of the Church.

(2) Any infraction of, or neglect to observe, such Canon Law which may be admitted or proved (including the proof afforded by the conviction of an offence in any of the temporal courts of this realm) shall be deemed to be an ecclesiastical offence and shall be cognizable as such in the courts of the Church of England only, and may there, according to the gravity thereof and the circumstances of the case, be restrained or punished by penalties as follows: namely, in the case of the clergy, degradation, deprivation, suspension, inhibition, or monition; and, in the case of such of the laity as aforesaid, by removal from such office or membership as aforesaid, refusal of the benefit claimed, or exclusion for an appropriate period from the Holy Communion."

Canon 130, auf den in clause (1) von Canon 9 verwiesen wurde, behandelte die Vertretung der Laien in Parochial Church Councils, Ruridecanal Conferences, Diocesan Conferences und im House of Laity der Church Assembly.

116 C.C.C. May 1947, S. 122 (Canon R.C. Mortimer).

117 Vgl. Memorandum in C.C.C. Jan. 1958, Anhang.

118 C.C.C. January 1958, S. 8–9; Y.J.C. Jan. 1958, S. 27.

um Verpflichtungen der Laien zu erzwingen. Canons können daher keinerlei Zwangscharakter mehr über Laien haben.[119]

Eine andere Frage ist, ob Middleton v. Crofts es gestattet, daß die Kirche in Canons Regelungen erläßt, die auf Laien in derselben Weise Anwendung finden sollen, wie die Regeln freiwilliger Gemeinschaften. Die Sections D und E der revidierten Canons nehmen dieses Recht in Anspruch, indem sie Regelungen über die Zulassung und Einsetzung von Diakonissen und "lay readers"[120] aufstellen. Dabei existiert kein korrespondierendes Statute Law, das diese Canons etwa nur deklaratorisch wiedergeben würden. Laien, die sich freiwillig um ein solches Amt bewerben, tun dies auf der Grundlage dieser Regelungen. Wenn sie diese Regelungen brechen, so kann ihnen, wie der "Church and State" Report von 1970 schreibt[121], die Erlaubnis entzogen werden, aber sie sind keinerlei Strafen ausgesetzt.

Der Report von 1970 verschweigt jedoch, daß die Steering Committees im Fall der Canons E 2 und E 3 eine unterschiedliche Haltung eingenommen hatten. Als der Wortlaut dieser beiden Canons im Oktober 1963 neu gefaßt wurde, hatte Canon E.W. Kemp die Änderungen im Auftrag der Steering Committees damit begründet:

> "The reason for the other[122] changes was that the Canons, as they had been told time and time again, did not, and could not bind the laity. Therefore, where they concerned laymen they should quite clearly seit out to state what the law was, rather than to impose something. So the changes were designed to make plain that the two Canons were declaratory of the law."[123]

Peinlich war man somit in diesem Fall darauf bedacht, nichts in die neuen Canons aufzunehmen, das die angesprochenen Laien nicht auch rechtlich binden würde. Die Canons sollten nur deklartorisch wiedergeben, was bereits bindendes Recht war.

Es muß die Frage gestellt werden, ob die Convocations nicht gut daran getan hätten, immer darauf zu achten, daß hinsichtlich der Laien nur rechtlich bindende (deklaratorische) Canons erlassen würden. Ob es nicht vorzuziehen gewesen wäre, die Stellung von Diakonissen und lay readers wie bisher durch

---

119 Church and State (26) S. 92, 97.

120 "Lay readers" sind Laien, die etwa die Funktion eines Subdiakons ausfüllen, vgl. "Report of the Joint Committee on the Work and Status of Readers", S. 2; abgedruckt unter Nr. 625 im Anhang zu C.C.C. May 1939. Zu ihrem Aufgabenkreis gehört es beispielsweise, Kranke zu besuchen, in Schulen zu lehren, das Morgen- und Abendgebet zu lesen und Kindern Katechese zu erteilen.
Vgl. Canon E 4 (2).

121 (26) S. 97.

122 Eine Änderung erfolgte aus stilistischen Gründen.

123 Vgl. C.C.C. October 1963, S. 199.

"Regulations of Convocation"[124] zu behandeln. Wie die Lage jetzt ist, beinhaltet das Buch der Canons in friedlichem Nebeneinander Canons über Laien, die bald rechtlich bindendes Law of the Land sind, dann wieder bloß die Rechtsqualität von Club-Regeln besitzen. Diese Situation müßte eigentlich zu einer entsprechenden Relativierung der generell getroffenen Aussage führen, daß das Canon Law Recht des Landes sei. Diese Differenzierung wird jedoch nie vorgenommen.

III. Die General Synod

Seit dem 4. November 1970 existiert die "General Synod of the Church of England". Sie verdankt ihre Entstehung im wesentlichen der Canon Law Revision. Die völlig getrennte Beratung der Canons durch die beiden Convocations und das House of Laity deckte große praktische Schwierigkeiten auf. Viele Mißverständnisse wären vermieden worden, und die Revision hätte viel schneller über die Bühne gehen können, wenn von Anfang an gemeinsam diskutiert worden wäre, wenn das House of Laity jeweils ausführlich gewußt hatte, welche Überlegungen hinter den Canons standen, die ihm von den Convocations vorgelegt wurden.

Mehrmals im Laufe der Revision bat das House of Laity um eine stärkere Beteiligung der Laien an der synodalen Leitung der Kirche. Angesichts der Unzulänglichkeit des bisherigen Systems wurde diesem Bestreben durch die Schaffung der General Synod entsprochen.[125]

Die General Synod ist die neu benannte und neu verfaßte Church Assembly.[126]

Sie besteht aus den beiden Convocations, die in ein House of Bishops und ein House of Clergy zusammengefaßt sind, und dem House of Laity. Sie gleicht damit äußerlich der bisherigen Church Assembly. Ein Unterschied liegt jedoch darin: In der Church Assembly faßten das House of Bishops und das House of Clergy lediglich die Mitglieder der Upper und Lower Houses der beiden Convocations zusammen. Diese Mitglieder übten eine verschiedene Funktion aus, wenn sie in der Church Assembly saßen. In der General Synod hingegen sind die Convocations selbst mit all ihren Funktionen und all ihrer Autorität Teil der General Synod, dies aber nicht in provinzieller Aufteilung, sondern als *ein* House of Bishops und *ein* House of Clergy.[127]

---

124 Vgl. Riley-Graham (84) S. 43 ff., 54 ff.

125 Den besten Einstieg in die Entstehungsgeschichte der General Synod bietet der Report: Synodical Government (88) S. 9–13.

126 Siehe Präambel der Synodical Government Measure 1969. No. 2.

127 Vgl. Synodical Government (88) S. 14.

Als neu verfaßte Church Assembly erbte die General Synod die gesetzgeberischen Befugnisse der Church Assembly im Hinblick auf Measures. Gleichzeitig übertrugen die Convocations durch einen Canon ihre Rechte, insbesondere auch das Recht, Canons zu erlassen, auf die General Synod.[128]

Trotz dieser Übertragung können die beiden Convocations nach wie vor getrennt tagen. Sie können jedoch keine Canons mehr erlassen. Dazu ist nur noch die General Synod befugt. Sie unterliegt dabei ebenso den Beschränkungen des Submission of the Clergy Act's wie bisher die Convocations.[129]

Die lediglich informatorische Beteiligung der Laien während der Canon Law Revision ist damit für die künftigen Canons der General Synod einem echten, verfassungsmäßigen Mitspracherecht der Laien gewichen.

Soweit bei der Revision des Canon Law dem Erlaß eines Canons erst staatliche Gesetzgebung in Form einer Measure der Church Assembly vorausgehen mußte, hatte dies eine zweispurige Gesetzgebung zur Folge gehabt. Durch Erlaß des Canons wurde der Measure noch die Autorität der Convocations verliehen, wiewohl deren Mitglieder bereits die Measure mitverfaßt hatten.

Nachdem jetzt ein und dieselbe Institution sowohl zum Erlaß von Canons wie auch zur Ausarbeitung der Measures zuständig ist, wird es in Zukunft diese doppelte Gesetzgebung über denselben Gegenstand nicht mehr geben. Da Measure wie Canon von derselben Autorität der General Synod getragen sein werden, wird es künftig nur noch ein Gesetzbuch geben, das größtenteils aus Canons bestehen wird und daneben auch Measures wiedergeben wird, soweit solche erforderlich sein werden.[130]

---

128 Vgl. C.C.C. Jan. 1970, S. 8, 52; Y.J.C. Jan. 1970, S. 19.

129 Section 3 der Synodical Government Measure 1969, Nr. 2.

130 Vgl. Synodical Government (88) S. 39, sowie C.C.C. January 1967, S. 50.

C. ERGEBNIS

Die jahrhundertelange Vernachlässigung des Canon Law hat auch im rechtlichen Verständnis dieser Materie ihre Spuren hinterlassen. Insbesondere aus dem Submission of the Clergy Act werden vielfach falsche Rechtsansichten über das Canon Law hergeleitet.[1] Es werden über das Canon Law rechtliche Aussagen getroffen, die in nicht zu vereinbarendem Widerspruch zueinander stehen.[2]

Inzwischen hat sich die Kirche von England in jahrzehntelanger Arbeit ihr neues Canon Law geschaffen. Unwillkürlich drängt sich dabei die Frage auf, ob sich der große Aufwand an Zeit, Geld und Arbeitskraft denn auch „gelohnt" hat.

Als Frucht der Revision besitzt die Kirche von England jetzt nach langen Jahrhunderten endlich ein Gesetzbuch, das gereinigt ist von den Schlacken obsoleter, oft lächerlicher Canons, wie sie in den Canons von 1603 so zahlreich zu finden waren. Die bisherige Rechtsunsicherheit wurde dadurch zwar nicht gänzlich behoben, aber doch erheblich vermindert. Das nachreformatorische Recht wurde durch die neuen Canons außer Kraft gesetzt, lediglich die zweifelhafte Rechtslage hinsichtlich des Schutzes des Beichtgeheimnisses wurde – nolens volens – beibehalten. Ein Rekurs auf noch weitergeltendes vorreformatorisches Canon Law wird angesichts der umfassenden Neuregelung nur noch in seltenen Ausnahmefällen nötig sein.

Negativ schlägt jedoch zu Buche, daß die Revision schlaglichtartig bloßgelegt hat, wie hoch der Preis ist, den die Kirche von England gegenwärtig dafür bezahlen muß, daß sie Staatskirche ist.

Ihr Canon Law nimmt die „Vorzugsstellung" ein, daß es Teil des Landesrechts ist. Doch mit welchem Verzicht auf rechtliche Selbstbestimmung muß dies erkauft werden!

Es hat wenig Sinn, in einer Bilanz zu ermitteln, wie häufig die Kirche ihre angestrebten Canons durchsetzen konnte, weil diese entweder von vornherein mit dem Statute oder Common Law vereinbar waren oder weil die Kirche durch vorrangige staatliche Gesetzgebung eine Kollision aus dem Weg räumen konnte. Es hat wenig Sinn, diesem Posten dann jene Canons gegenüberzustellen, die mit Rücksicht auf bestehendes Statute oder Common Law abgeändert oder ganz fallengelassen werden mußten. Denn die absoluten Zahlen würden nichts besagen über die Gewichtigkeit der einzelnen Änderung oder Streichung. Lediglich grammatikalische Anpassung an bestehendes Statute Law könnte ebensogut dahinterstehen wie ein schwer drückender Verzicht.

---

1 Vgl. oben S. 63–4, 133–7.

2 Vgl. oben S. 85–6.

Fest steht, daß die Kirche von England so bedeutende Gebiete wie die Frage des Beichtgeheimnisses oder die kirchliche Wiederheirat Geschiedener nicht durch Canon Law regeln konnte, daß sie statt dessen ausweichen mußte auf die "spiritual authority" von Acts of Convocation.

Ursache dieser rechtlichen Unselbständigkeit ist allein der Submission of the Clergy Act. Ausgehend von der Hypothese, daß Staat und Kirche nur zwei Begriffe für dieselbe Gesellschaft seien, stellte der Submission Act sicher, daß es in diesem Staat nur ein einheitliches Recht geben konnte. Inzwischen ist die Theorie der res publica Christiana mit ihrer Annahme einer Identität von Staats- und Kirchenvolk dem Toleranzprinzip gewichen. In seiner Gesetzgebung für eine pluralistische Gesellschaft muß der Staat von heute notwendigerweise auch liberalere Normen aufstellen als sie die Kirche für ihre Mitglieder wünscht.

Obwohl sich der gesellschaftliche Hintergrund somit völlig gewandelt hat, gilt der Submission Act mit seinem Postulat der Rechtseinheitlichkeit nach wie vor weiter und beengt wie eine leere Schale die Rechtssetzung der Kirche.

Dieser Zustand wurde während der Revision häufig beklagt, doch nie wurde am Submission Act selbst gerüttelt und seine Aufhebung angestrebt. Lieber stellte man die ganze Revision in Frage.

Von der Zufälligkeit, ob bereits eine Regelung durch Statute oder Common Law besteht, hängt damit nach wie vor ab, ob die Kirche ihr Recht durch Measures der General Synod setzt und damit von der Zustimmung des Parlaments abhängig ist, oder Canons erlassen kann, die nur der Zustimmung der Krone bedürfen. (Was in der Praxis eine Abhängigkeit von den Rechtsexperten des Home Office bedeutet).

Einen ersten Schritt auf dem Weg zur Aufhebung des Submission Act's könnte die Schaffung der General Synod darstellen. Durch sie wurden die Laien der Kirche zum ersten Mal verfassungsmäßig am Erlaß von Canons beteiligt. Daran wurde schon früh die Hoffnung geknüpft, eine solche Regierungsform könnte sich dem Parlament empfehlen, wenn es einmal um die Änderung des Verhältnisses Staat-Kirche gehen sollte. Denn ehe das Parlament einer solchen Änderung zustimmen würde, müßte es davon überzeugt sein, daß die Laien in den kirchlichen Willensbildungsprozeß ausreichend eingeschaltet seien.[3]

Die Laien sind inzwischen beteiligt, doch eine Aufhebung des Submission Act's ist zur Zeit noch nicht abzusehen. Im Report "Church and State"[4] von 1970 sprach sich nur eine Minderheit für seine Abschaffung aus.

---

3 Vgl. Synodical Government (88) S. 16.

4 Vgl. Church and State (26) S. 75.

D. ABKÜRZUNGEN

Periodica

C.C.C.	The Chronicle of Convocation. Being a Record of the Proceedings of the Convocation of Canterbury.
C.A.	Church Assembly Publications.
CHJ	The Cambridge Historical Journal
EHR	The English Historical Review.
Y.J.C.	The York Journal of Convocation. Containing the Acts and Debates of the Convocation of the Province of York.

Fallsammlungen

Atk.	Atkyn's Reports, Chancery, 3 vols., 1736–54.
Co.Rep.	Coke's Reports, 13 parts, 1572–1616.
L.R.H.L.	Law Reports, English and Irish Appeals and Peerage Claims, House of Lords, 7 vols., 1866–1875.
Mo.	Sir Francis Moore's Reports, 1 vol., 1485–1620.
P.D.	Law Reports, Probate, Divorce, and Admiralty Division, 15 vols., 1875–1890.
Phillim.	J. Phillimore's Ecclesiastical Reports, 3 vols., 1754–1821.
Salk.	Salked's Reports, King's Bench, 3 vols., 1689–1712.

Gesetze

Gesetze werden nach Regierungsjahr, Herrscher und Chapter zitiert.
Beispiel: 25 Hen.(ry) VIII c. 19

E. LITERATURVERZEICHNIS

Die im Fußnotenteil der Arbeit angeführten Werke werden unter Angabe der Ziffern des Literaturverzeichnisses zitiert)

(1) *Ayliffe, John:* Parergon Juris Canonici Anglicani, London, 1726.

(2) *Bailey, Sherwin:* The Annulment of Marriage, in: Theology January 1956, S. 17–22.

(3) *Barker, P.R.P.:* Visible Justice, in: Theology, February 1964, S. 45–6.

(4) *Barlow, Frank:* The English Church 1000–1066, London, 1963.

(5) *Blunt, John Henry:* The Book of Church Law, being an Exposition of the Legal Rights and Duties of the Parochial Clergy and the Laity of the Church of England, 10. Aufl., London, 1905.

(6) *Böhmer, Heinrich:* Kirche und Staat in England und in der Normandie im XI. und XII. Jahrhundert. Neudruck der Ausgabe Leipzig 1899, Aalen, 1968.

(7) *Brooke, Z.N.:* The English Church and the Papacy. From the Conquest to the Reign of John, 3. Aufl., Cambridge 1968.

(8) *Brooke, Z.N.:* The Effect of Becket's Murder on Papal Authority in England, in: CHJ II, 1928, S. 213–28.

(9) *Bullard, J.V.* (Hrsg.): Standing Orders of the Church of England, London, 1934.

(10) *Bullard, J.V.* and *Bell, H. Chalmer:* Lyndwood's Provinciale, London 1929.

(11) *Burn, Richard:* The Ecclesiastical Law, 9. Aufl., herausgegeben von Robert Phillimore, Band I, London 1942.

(12) –, Band II

(13) *Canon Law of the Church of England, the:* Being the Report of the Archbishops' Commission on Canon Law, together with Proposals for a Revised Body of Canons; and a Memorandum 'Lawful Authority' by the Honourable Mr Justice Vaisey, London 1947.

(14) *Canon Law Revision 1959,* London, 1960.

(15) *Canons of the Church of the Church of England, the:* Canons Ecclesiastical promulged by the Convocations of Canterbury and York in 1964 and 1969, London, 1969.

(16) *Cardwell, Edward:* Synodalia, A Collection of Articles of Religion, Canons and Proceedings of Convocations in the Province of Canterbury from the Year 1547 to the Year 1717, Band I, Oxford 1842, neu gedruckt in 2. Aufl., Farnborough, 1968.

(17) *Cardwell, Edward:* The Reformation of the Ecclesiastical Laws as Attempted in the Reigns of King Henry VIII, King Edward VI and Queen Elizabeth, Oxford 1850, neu gedruckt Farnborough, 1968.

(18) *Chadwick, Owen:* The Victorian Church, I. Band, 2. Aufl., London, 1970.

(19) *Cheney, C.R.:* From Becket to Langton. English Church Government 1170–1213, 2. Aufl., Manchester, 1965.

(20) *Cheney, C.R.:* Legislation of the Medieval English Church, in: EHR L (1935) S. 193–224 und 385–417.

(21) *Cheney, Mary:* The Compromise of Avranches of 1172 and the Spread of Canon Law in England, in: EHR LVI (1941) S. 177–97.

(22) *Church and Marriage, the:* Being the Report of the Joint Committees of the Convocations of Canterbury and York, London, 1935.

(23) *Church and the Law of Nullity of Marriage, the:* The Report of a Commission appointed by the Archbishops of Canterbury and York in 1949 at the Request of the Convocations, London, 1955.

(24) *Church and State,* Report of the Archbishops' Committee, London, 1916.

(25) *Church and State,* Report of the Archbishops' Commission on the Relation between Church and State, Band I, London, 1935.

(26) *Church and State,* Report of the Archbishops' Commission, London 1970.

(27) *Darlington, R.R.:* Ecclesiastical Reform in the Late Old English Period, in: EHR LI (1936), S. 387–428.

(28) *Davis, H.W.C.:* The Canon Law in England, in: Zeitschrift der Savigny Stiftung für Rechtsgeschichte, Kan.Abt. III, XXXIV. Band, 1913.

(29) *Deanesly, Margaret:* A History of the Medieval Church, 590–1500, 10. Aufl., London, 1959.

(30) *Deanesly, Margaret:* The Pre-Conquest Church in England, 2. Aufl., London 1963.

(31) *Deanesly, Margaret:* Sidelights on the Anglo Saxon Church, London, 1962.

(32) *Dibdin* and *Chadwick Healey:* English Church Law and Divorce, London, 1912.

(33) *Dixon, Richard Watson:* History of the Church of England, Band I, 2. Aufl., London, 1884.

(34) *Duggan, Charles:* Twelfth-Century Decretal Collections and their Importance in English History, London, 1963.

(35) *Duggan, Charles:* The Reception of Canon Law in the Later-Twelfth Century, in: MONUMENTA IURIS CANONICI, Series C: Subsidia, Band I, Vatikan, 1965, S. 359–90.

(36) *Ecclesiastical Courts,* Report of the Commissioners appointed to inquire into the Constitution and Working of the, Band I, London, 1883.

(37) *Elliott-Binns, Michael:* The Layman and his Church, Oxford, 1970.

(38) *Encyclopaedia Britannica,* Band IV, 1966.

(39) *Fabricius, D. Cajus:* Die Kirche von England, ihr Gebetbuch, Bekenntnis und kanonisches Recht. Corpus Confessionum 17. Abt., Band I, Berlin und Leipzig, 1937.

(40) *Garbett, Cyril:* Church and State in England, 2. Aufl., London 1950.

(41) *Gee-Hardy:* Documents Illustrative of English Church History Compiled from Original Sources, 3. Aufl., New York 1966.

(42) *Gibbs, Marion* and *Lang, Jane:* Bishops and Reform, 1215–1272, 2. Aufl., Oxford, 1962.

(43) *Gibson, Edmund:* Codex Juris Ecclesiastici Anglicani, London, 1713.

(44) *Gibson, Edmund:* Synodus Anglicana, London, 1702, herausgegeben von Edward Cardwell, Oxford, 1854.

(45) *Godfrey, John:* The Church in Anglo-Saxon England, Cambridge, 1962.

(46) *Haddan, Arthur West* and *Stubbs, William:* Councils and Ecclesiastical Documents Relating to Great Britain and Ireland, 2. Aufl., Oxford 1964, Band I.

(47) –, Band III.

(48) *Halsbury's* Laws of England, Band 10, 2. Aufl., London, 1933.

(49) –, Band 11.

(50) *Haw, Reginald:* The State of Matrimony, London, 1952.

(51) *Hazeltine, H.D.:* Roman and Canon Law in the Middle Ages, in: The Cambridge Medieval History, Band V, Cambridge, 1957, S. 697–762.

(52) *Heinemann, William* (Hrsg.): Baedae Opera Historica with an English Translation by J.E. King, Band II, 3. Aufl., London, 1963.

(53) *Hinschius, Paul:* System des katholischen Kirchenrechts mit besonderer Rücksicht auf Deutschland, 3. Band, Berlin, 1883.

(54) *Holdsworth, William:* A History of English Law, Band I, 7. Aufl., London, 1956.

(55) *Holtzmann, Walter* and *Kemp, Eric Waldram:* Papal Decretals Relating to the Dioceses of Lincoln in the Twelfth Century, Hereford, 1954.

(56) *Hunt, William:* The English Church. From its Foundation to the Norman Conquest 597–1066, 5. Aufl., London, 1931.

(57) *Joyce, James Wayland:* England's Sacred Synods, London, 1855.

(58) *Keeton, George W.:* The Norman Conquest and the Common Law, London, 1966.

(59) *Keir, David Lindsay:* The Constitutional History of Modern Britain since 1485, 6. Aufl., London, 1960.

(60) *Kemp, Eric Waldram:* Counsel and Consent, London, 1961.

(61) *Kemp, Eric Waldram:* An Introduction to Canon Law in the Church of England, London, 1957.

(62) *Kemp, Eric Waldram:* The Origins of the Canterbury Convocation, in: The Journal of Ecclesiastical History, Band III, London, 1952.

(63) *Kleinstück, Hermann:* Staat und Staatskirche in England. Unter besonderer Berücksichtigung der Eide und eidesähnlicher Erklärungen anglikanischer Geistlicher. Ein Beitrag zum englischen Staatskirchenrecht. Jur. Diss. Frankfurt, 1960.

(64) *Kuttner, S.* and *E. Rathbone:* Anglo-Norman Canonists of the Twelfth Century, An Introductory Study, in: Traditio, Band VII, New York, 1949–51.

(65) *Lacey, T.A.:* Marriage in Church and State, Fully revised and supplemented by R.C. Mortimer, London, 1947.

(66) *Liebermann, Felix:* The National Assembly in the Anglo Saxon Period, Halle 1913.

(67) *Lovell, Colin Rhys:* English Constitutional and Legal History, 2. Aufl., New York, 1969.

(68) *Lyndwood, William:* Provinciale, Oxford, 1679.

(69) *Maitland, F.W.:* The Constitutional History of England, 13. Aufl., Cambridge 1955.

(70) *Maitland, F.W.:* Roman Canon Law in the Church of England, London, 1898.

(71) *Makower, Felix:* Die Verfassung der Kirche von England, Berlin 1894.

(72) *Moore, E. Garth:* An Introduction to English Canon Law, Oxford, 1967.

(73) *Moormann, John R.H.:* A History of the Church of England, 5. Aufl., London, 1963.

(74) *Mortimer, R.C.:* Western Canon Law, London, 1953.

(75) *Neale, J.E.:* Elizabeth I and Her Parliaments, Band I, London, 1953.

(76) *Ogle, Arthur:* The Canon Law in Medieval England, London, 1912.

(77) *Phillimore, Robert:* The Ecclesiastical Law of the Church of England, Band I, 2. Aufl., London, 1895.

(78) *Pickthorn, Kenneth:* Early Tudor Government, Henry VIII, Cambridge, 1951.

(79) *Pollock, Frederick* and *Maitland, Frederic William:* The History of English Law Before the Time of Edwar I, Band I, 2. Aufl., Cambridge, 1968.

(80) *Powicke, F.M.* and *Cheney, C.R.:* Councils and Synods with Other Documents Relating to the English Church, 1. Band, 1205–1265, Oxford, 1964.

(81) –, 2. Band, 1265–1313.

(82) *Putting Asunder:* The Report of a Group appointed by the Archbishop of Canterbury in January 1964, London, 1966.

(83) *Revised Canons of the Church of England, the,* Further Considered, London, 1954.

(84) *Riley, H.* and *Graham, R.J.:* Acts of the Convocations of Canterbury and York (originally edited for the years 1921 to 1947 by A.F. Smethurst and H.R. Wilson extended to cover the years 1921 to 1970), London, 1971.

(85) *Smethurst, Arthur F.:* Convocation of Canterbury. What it is; what it does; how it works, London, 1949.

(86) *Stubbs, William:* Seventeen Lectures on the Study of Medieval and Modern History, Oxford, 1887.

(87) *Sykes, Norman:* From Sheldon to Secker, Aspects of English Church History 1660–1768, Cambridge, 1959.

(88) *Synodical Government in the Church of England:* Being a Report of a Commission appointed by the Archbishops of Canterbury and York, C.A. 1600.

(89) *Tanner, J.R.:* Constitutional Documents of the Reign of James I A.D. 1603–1625 with an Historical Commentary, Cambridge, 1930.

(90) *Wahl, Kurt:* Staatskirche und Staat in England, Grundzüge der Verfassung der anglikanischen Kirche in Geschichte und Gegenwart, Stuttgart, 1935.

(91) *Wake, William:* The State of the Church and Clergy of England, London, 1703.

(92) *Wilkins:* Concilia, Band III, London, 1787.

(93) *Williams, C.H.* (Hrsg.): English Historical Documents 1485–1558, Oxford, 1967.

(94) *Winchworth, Peter:* The Seal of the Confessional and the Law of Evidence, London, 1952.

(95) *Winnett, A.R.:* The Church and Divorce, London, 1968.

(96) *Winnett, A.R.:* Divorce and Remarriage in Anglicanism, London, 1958.

(97) *Wood, Edmund:* The Regal Power of the Church, or, the Fundamentals of the Canon Law, A Dissertation, Cambridge, 1888.

(98) *Zweigert-Klötz:* Einführung in die Rechtsvergleichung auf dem Gebiete des Privatrechts, Band I: Grundlagen, Tübingen, 1971.

FSC
www.fsc.org
MIX
Papier | Fördert
gute Waldnutzung
FSC® C083411

Kolibri 360 GmbH
Ferdinand-Jühlke-Straße 7
99095 Erfurt, Deutschland
produktsicherheit@kolibri360.de